EXERCÍCIOS PARA AutoCAD®

```
T917e    Tuler, Marcelo.
             Exercícios para AutoCAD : roteiro de atividades / Marcelo
         Tuler, Chan Kou Wha. – Porto Alegre : Bookman, 2013.
             viii, 80 p. : il. ; 21 cm.

             ISBN 978-85-8260-051-1

             1. Ciência da computação. 2. Software. 3. AutoCAD.
         I. Chan, Kou Wha. II. Título.

                                                  CDU 004.4AutoCAD
```

Catalogação na publicação: Ana Paula M. Magnus – CRB 10/2052

MARCELO TULER
CHAN KOU WHA

EXERCÍCIOS PARA AutoCAD®
ROTEIRO DE ATIVIDADES

Reimpressão 2015

bookman

2013

© Bookman Companhia Editora, 2013

Gerente editorial: *Arysinha Jacques Affonso*

Colaboraram nesta edição:

Editora: *Verônica de Abreu Amaral*

Assistente editorial: *Danielle Teixeira*

Capa e projeto gráfico: *Paola Bulcão Manica*

Leitura final: *Susana de Azeredo Gonçalves*

Editoração: *Techbooks*

Reservados todos os direitos de publicação à
BOOKMAN EDITORA LTDA., uma empresa do GRUPO A EDUCAÇÃO S.A.
A série Tekne engloba publicações voltadas à educação profissional, técnica e tecnológica. Av. Jerônimo de Ornelas, 670 – Santana
90040-340 – Porto Alegre – RS
Fone: (51) 3027-7000   Fax: (51) 3027-7070

É proibida a duplicação ou reprodução deste volume, no todo ou em parte, sob quaisquer formas ou por quaisquer meios (eletrônico, mecânico, gravação, fotocópia, distribuição na Web e outros), sem permissão expressa da Editora.

Unidade São Paulo
Av. Embaixador Macedo Soares, 10.735 – Pavilhão 5 – Cond. Espace Center
Vila Anastácio – 05095-035 – São Paulo – SP
Fone: (11) 3665-1100   Fax: (11) 3667-1333

SAC 0800 703-3444 – www.grupoa.com.br

IMPRESSO NO BRASIL
PRINTED IN BRAZIL
Impresso sob demanda na Meta Brasil a pedido de Grupo A Educação.

Para Ana Paula, Mariana e Gabriela.
Marcelo Tuler

Para Luciana Maiza, Ana Maria, Mi Lan, Maria do Rosário e Ilda (*in memoriam*).
Chan Kou Wha

Prefácio

O desenho com o auxílio de *software* do tipo CAD (*Computer Aided Design*) é uma realidade de mercado. Com inúmeras vantagens em detrimento do desenho manual (rotinas de construção, edição, armazenamento, etc.), a velocidade de execução de desenhos e projetos aumentou exponencialmente nos últimos 20 anos.

Atualmente todos os cursos técnicos da área tecnológica, bem como os de graduação em engenharias e arquitetura, possuem em sua grade curricular algum conteúdo de desenho e/ou projeto automatizado.

Na busca de um diferencial na literatura atribuída a este tema, a proposta deste livro é estruturar o que já fazemos em sala de aula, apenas por meio de exercícios propostos.

Diferindo do conteúdo já frequente em vários manuais de AutoCAD, em que se apresentam os comandos básicos e avançados do *software* (alguns inclusive utilizando de pequenos exemplos), sugere-se aqui vários desenhos, cotados ou não, com os respectivos dados, cadernetas e planilhas específicas para sua construção, de forma a servir como um **roteiro de aulas práticas** de desenho automatizado.

Parte deste material didático, anteriormente em formato de "notas de aula", já foi testado no CEFET-MG por mais de mil alunos nos últimos oito anos, porém não organizado como citado anteriormente. Este conteúdo já foi aplicado nos cursos técnicos de estradas, transportes e trânsito e edificações, considerando apenas o CEFET-MG, unidade de Belo Horizonte, MG.

Observamos também que os exemplos das salas de aulas muitas vezes são traçados sem se preocupar com uma evolução do aprendizado das rotinas do CAD. Com tal proposta, os exercícios deste livro são numerados e classificados de acordo com o grau de dificuldade, sendo atribuídos aos desenhos os níveis Básico, Intermediário e Avançado.

Os desenhos estão organizados por páginas. Após definir o **objetivo** do desenho, tem-se a citação dos **principais comandos** para concebê-los. A seguir, há um breve **comentário** do que trata este desenho.

No espaço destinado ao exercício, além do desenho proposto, geralmente há uma "dica" de construção e a unidade que foi utilizada para as cotas. Em alguns, também há uma figura ou foto que ilustra e auxilia o exercício.

Todos os desenhos apresentados foram testados. Os desenhos propostos são das áreas mais genéricas possíveis: desenho técnico, mecânica, edificações, estradas, transportes, topografia, etc. de forma a serem aplicados em vários cursos técnicos, engenharia e arquitetura.

Sugerimos ao leitor que, após executados, os desenhos sejam impressos para uma correção manual. A escala proposta de impressão deve atender às especificidades de cada desenho.

Enfim, esperamos que este roteiro de atividades seja de utilidade na formação de desenhistas e projetistas, e que passemos de apenas "copistas", para desenvolvedores de projetos inteligentes e viáveis.

Para sugestões, elogios ou críticas, escreva-nos.

Marcelo Tuler
mtuler@deii.cefetmg.br

Chan Kou Wha
chan@deii.cefetmg.br

Sumário

capítulo 1
Introdução 1

capítulo 2
Exercícios 3
    Básicos 5
        Exercício 2.1   Desenhar uma barreira *New Jersey* 6
        Exercício 2.2   Desenhar uma estrutura de sustentação e a placa de sinalização 7
        Exercício 2.3   Desenhar utilizando as coordenadas relativas retangulares 8
        Exercício 2.4   Desenhar escalas gráficas 9
        Exercício 2.5   Desenhar uma sapata de concreto 10
        Exercício 2.6   Desenhar uma sinalização tátil 11
        Exercício 2.7   Desenhar arcos 12
        Exercício 2.8   Desenhar cotas em desenhos 13
        Exercício 2.9   Desenhar um esquema das fases do solo 14
        Exercício 2.10   Desenhar uma curva horizontal 15
        Exercício 2.11   Desenhar uma placa de advertência 16
        Exercício 2.12   Desenhar um labirinto 17
        Exercício 2.13   Desenhar uma poligonal topográfica I 18
        Exercício 2.14   Desenhar faixas de mudança de velocidade 19
        Exercício 2.15   Desenhar concordâncias e chanfros 20
        Exercício 2.16   Desenhar interseções viárias I 21
        Exercício 2.17   Desenhar o *iPhone 4*, da *Apple* 22
        Exercício 2.18   Desenhar um campo oficial de futebol 23
        Exercício 2.19   Desenhar peças em perspectiva isométrica 24
        Exercício 2.20   Desenhar convenções topográficas 25
        Exercício 2.21   Desenhar um trilho e um dormente 26
        Exercício 2.22   Desenhar segmento a partir de coordenadas tridimensionais 27

    Intermediários 28
        Exercício 2.23   Desenhar tipos de linhas 29
        Exercício 2.24   Desenhar textos 30
        Exercício 2.25   Desenhar um papel mono-log 31
        Exercício 2.26   Desenhar uma curva granulométrica 32
        Exercício 2.27   Desenhar as vistas do 1º diedro 33
        Exercício 2.28   Desenhar as vistas nos planos de projeção 34
        Exercício 2.29   Desenhar um perfil topográfico 35
        Exercício 2.30   Desenhar a partir de um arquivo *SCRIPT* 36
        Exercício 2.31   Desenhar uma curva de concordância vertical 37
        Exercício 2.32   Desenhar contornos de edificações a partir de uma imagem do terreno 38
        Exercício 2.33   Desenhar uma interseção viária em desnível com interconexões 39
        Exercício 2.34   Desenhar "ilhas" nas interseções viárias I 40
        Exercício 2.35   Desenhar "ilhas" nas interseções viárias II 41
        Exercício 2.36   Desenhar um AMV 42
        Exercício 2.37   Desenhar uma boca de lobo 43
        Exercício 2.38   Desenhar uma planta de edificação 44
        Exercício 2.39   Desenhar blocos com atributos 45
        Exercício 2.40   Desenhar peças de mecânica I 46
        Exercício 2.41   Desenhar peças de mecânica II 47
        Exercício 2.42   Desenhar um conjunto de rodas de uma máquina 48
        Exercício 2.43   Desenhar uma roda dentada 49
        Exercício 2.44   Desenhar uma engrenagem 50

    Avançados 51
        Exercício 2.45   Desenhar o corte de uma edificação 52
        Exercício 2.46   Desenhar uma poligonal topográfica II 53
        Exercício 2.47   Desenhar uma planta com curvas de nível 54

Exercício 2.48	Desenhar uma seção tipo de uma rodovia	55
Exercício 2.49	Desenhar seções transversais	56
Exercício 2.50	Desenhar um sólido com base em suas seções transversais	57
Exercício 2.51	Desenhar um globo terrestre e pontos coordenados	58
Exercício 2.52	Desenhar o princípio geométrico do posicionamento GPS	59
Exercício 2.53	Desenhar superfícies de projeção cartográfica	60
Exercício 2.54	Desenhar interseções viárias II	61
Exercício 2.55	Desenhar a partir de uma rotina *AutoLISP*	62
Exercício 2.56	Deslocar um ponto no CAD, criando sensação de movimento	63
Exercício 2.57	Desenhar um sistema viga-pilar em 3D	64
Exercício 2.58	Desenhar uma boca de lobo em 3D	65
Exercício 2.59	Desenhar uma engrenagem em 3D	66
Exercício 2.60	Desenhar uma peça de mecânica em 3D	67
Exercício 2.61	Desenhar uma garrafa de Coca-Cola em 3D	68
Exercício 2.62	Desenhar um lápis em 3D	69
Exercício 2.63	Desenhar dados em 3D	70
Exercício 2.64	Desenhar um cadeado em 3D	71
Exercício 2.65	Desenhar uma barragem de terra com filtro	72
Exercício 2.66	Desenhar o aro de uma roda em 3D	73

Apêndice A 75
Referências 79
Os autores 80

>> capítulo 1

Introdução

Nas diversas áreas tecnológicas, a principal forma de traduzir o pensamento é através de um desenho. A mecânica produz uma peça em série desde que ela esteja documentada. As obras civis seguem uma recomendação de sua locação a partir de um projeto. A arquitetura dá vida à arte por meio de seus traços.

Para desenhar utilizando um *software* de CAD e executar os exercícios propostos neste livro, são necessários três requisitos:

- Suporte computacional
- Manual de *comandos*
- Gostar de desenhar

O suporte computacional (*hardware* e *software*) deve ser adequado para obter desempenho e qualidade nos desenhos. Sugerimos que a versão do AutoCAD seja superior a 2004.

Quanto ao manual dos *comandos*, ele pode ser adquirido de diversas formas: pelo ajuda (F1) do AutoCAD, por livros dedicados ao ensino e manuseio do AutoCAD, por inúmeras apostilas *de como fazer ...* encontradas na internet, por aulas dedicadas ao ensino dos *comandos*, dentre outras formas.

Agora o principal: gostar de desenhar! Quando se gosta de algo, é natural que exista a dedicação e a vontade de aprender cada vez mais sobre este assunto. O "gostar" pode transportar o usuário que possui apenas um *hobby* a uma profissão. Este patamar se alcança quando a técnica sobressai, pois um CAD necessita de parâmetros geométricos na construção dos desenhos.

Nos exercícios a seguir, apesar de explicitar os principais comandos aplicados para tal, deve estar claro que um desenho geralmente não pode ser feito apenas por *LINE*, ou apenas por *CIRCLE*, etc. É por meio da aplicação e da junção de alguns comandos, que se obtém o resultado desejado.

A classificação atribuída aos exercícios (Básico, Intermediário e Avançado) muitas vezes não corresponde ao grau de dificuldade de certo conceito ou comando, mas ao conhecimento que o leitor necessita para executá-lo.

Enfim, como a proposta é "aprender desenhando", no Capítulo 2 têm-se os 66 exercícios propostos, e no Apêndice A tem-se um resumo dos principais comandos do AutoCAD (Guia Rápido).

>> capítulo 2

Exercícios

Nas páginas seguintes, apresentam-se os 66 exercícios assim classificados e resumidos segundo a Tabela 1:

Grau de dificuldade

- 22 exercícios de nível BÁSICO
- 22 exercícios de nível INTERMEDIÁRIO
- 22 exercícios de nível AVANÇADO

Área do conhecimento

- 11 exercícios em Desenho Técnico
- 8 exercícios em Topografia
- 4 exercícios em Solos
- 10 exercícios em Estradas
- 2 exercícios em Transportes
- 4 exercícios em Trânsito
- 4 exercícios em Edificações
- 4 exercícios em Geodésia e Cartografia
- 7 exercícios em Mecânica
- 7 exercícios em Arte Gráfica
- 2 exercícios em Hidráulica
- 3 exercícios em Programação

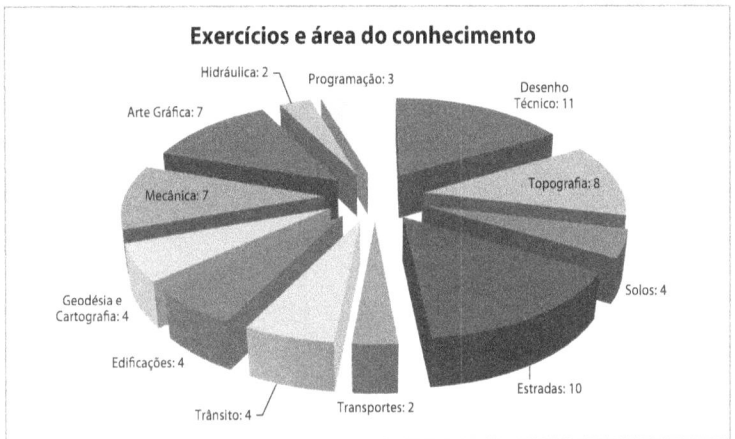

Todos os exercícios são apresentados com um cabeçalho que cita o número do exercício, seu grau de dificuldade e sua área do conhecimento, relacionando-o com a informação da Tabela 1, por exemplo:

Exercício 2.1 >> **Grau de dificuldade: BÁSICO** **Área do conhecimento: ESTRADAS**

Tabela 1 » Relação dos exercícios segundo o grau de dificuldade e a área do conhecimento

EXERCÍCIO	GRAU DE DIFICULDADE			ÁREA DO CONHECIMENTO											
	BÁSICO	INTERMEDIÁRIO	AVANÇADO	DESENHO TÉCNICO	TOPOGRAFIA	SOLOS	ESTRADAS	TRANSPORTES	TRÂNSITO	EDIFICAÇÕES	GEODÉSIA E CARTOGRAFIA	MECÂNICA	ARTE GRÁFICA	HIDRÁULICA	PROGRAMAÇÃO
2.1	x						x								
2.2	x								x						
2.3	x			x											
2.4	x			x											
2.5	x									x					
2.6	x								x						
2.7	x			x											
2.8	x			x											
2.9	x					x									
2.10	x						x								
2.11	x								x						
2.12	x												x		
2.13	x				x										
2.14	x								x						
2.15	x						x								
2.16	x						x								
2.17	x												x		
2.18	x			x											
2.19	x			x											
2.20	x				x										
2.21	x							x							
2.22	x			x											
2.23		x		x											
2.24		x		x											
2.25		x				x									
2.26		x				x									
2.27		x		x											
2.28		x		x											
2.29		x			x										
2.30		x													x
2.31		x					x								
2.32		x			x										
2.33		x					x								
2.34		x					x								
2.35		x					x								
2.36		x							x						
2.37		x												x	
2.38		x								x					
2.39		x								x					
2.40		x										x			
2.41		x										x			
2.42		x										x			
2.43		x										x			
2.44		x										x			
2.45			x								x				
2.46			x		x										
2.47			x		x										
2.48			x					x							
2.49			x		x										
2.50			x		x										
2.51			x						x						
2.52			x						x						
2.53			x						x						
2.54			x					x							
2.55			x												x
2.56			x												x
2.57			x						x						
2.58			x											x	
2.59			x									x			
2.60			x									x			
2.61			x										x		
2.62			x										x		
2.63			x										x		
2.64			x										x		
2.65			x			x									
2.66			x										x		

≫ Básicos

Os exercícios a seguir sugerem um grau de dificuldade BÁSICO. Para a construção desses, o usuário deve "familiarizar-se", principalmente, com os comandos do Menu DRAW e MODIFY.

Algumas habilidades devem ser desenvolvidas nesta etapa:

- Explorar a área gráfica, a linha de comando, a barra de menus
- Usar as funções da barra de status
- Usar as funções das unidades de trabalho
- Usar o critério de seleção de objetos
- Desenhar por coordenadas retangulares e polares
- Manusear o ZOOM e PAN
- Organizar o desenho em camadas (LAYER)
- Desenhar por projeções isométricas
- Construir textos
- Dimensionar desenhos
- Inserir imagens
- Utilizar os comandos do Menu DRAW e MODIFY, aplicados nos desenhos propostos

No caso desses exercícios serem aplicados em sala de aula, sugerimos disponibilizar 1 hora/aula para a sua execução. Observe que os "principais comandos" (recomendados em cada exercício) já devem ser de conhecimento do aluno/leitor.

Exercício 2.1 » Grau de dificuldade: BÁSICO — Área do conhecimento: ESTRADAS

Objetivo: Desenhar uma barreira *New Jersey*.

Principais comandos: LINE, FILLET, DIM e MIRROR.

Comentário: A barreira *New Jersey* é um dispositivo de segurança viária, geralmente em concreto, utilizado para separar fluxos de tráfego, para proteger obras de arte ou para delimitar provisoriamente zonas em obras. Tem uma elevada resistência ao choque e ocupa um espaço diminuto.

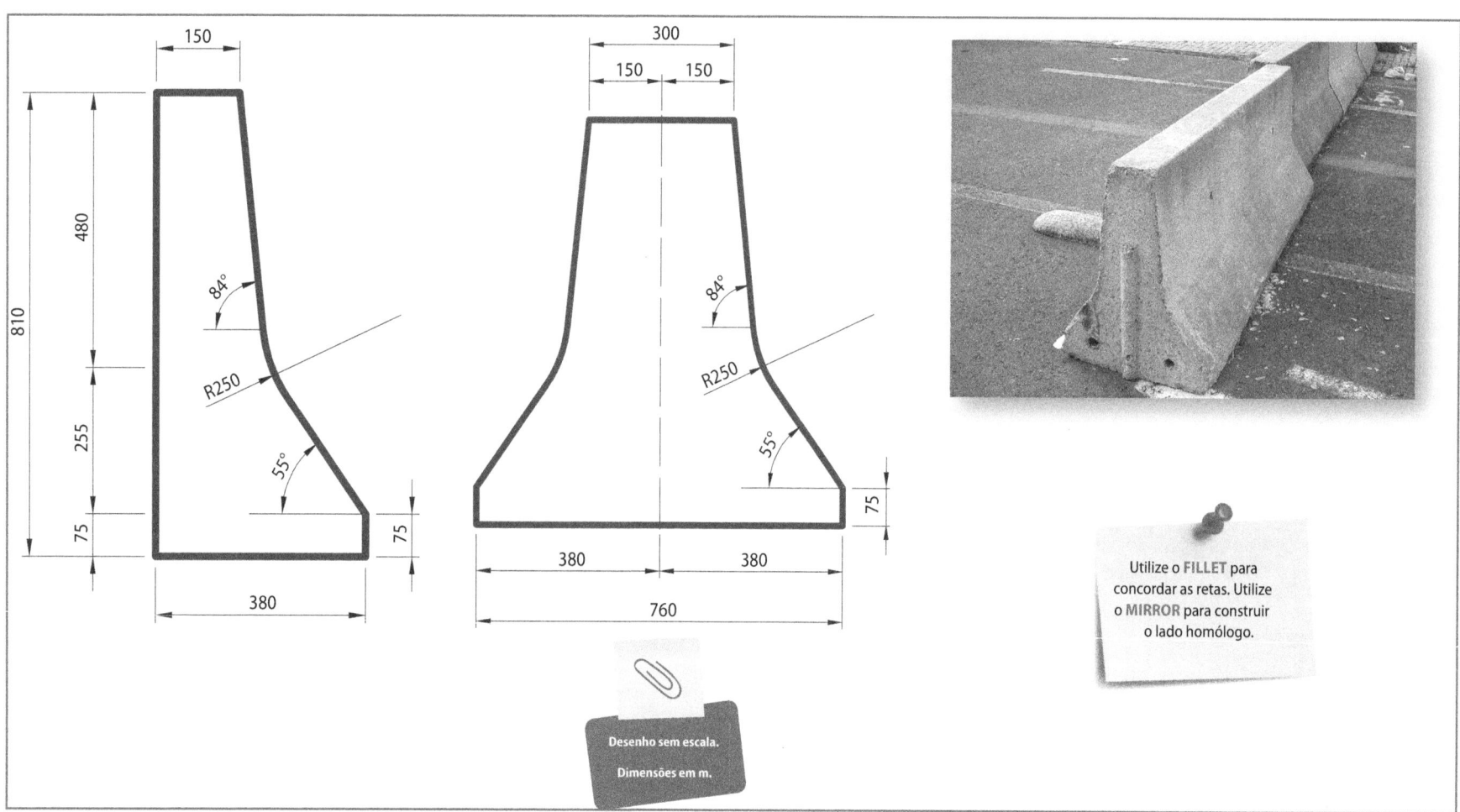

Utilize o FILLET para concordar as retas. Utilize o MIRROR para construir o lado homólogo.

Desenho sem escala.
Dimensões em m.

Exercício 2.2 » **Grau de dificuldade: BÁSICO** **Área do conhecimento: TRÂNSITO**

Objetivo: Desenhar uma estrutura de sustentação e a placa de sinalização.

Principais comandos utilizados: LINE e OFFSET.

Comentário: De acordo com o Código de Trânsito Brasileiro (CTB), a sinalização vertical é um subsistema da sinalização viária que utiliza placas fixadas ao lado da pista ou suspensas sobre a pista de rolamento.

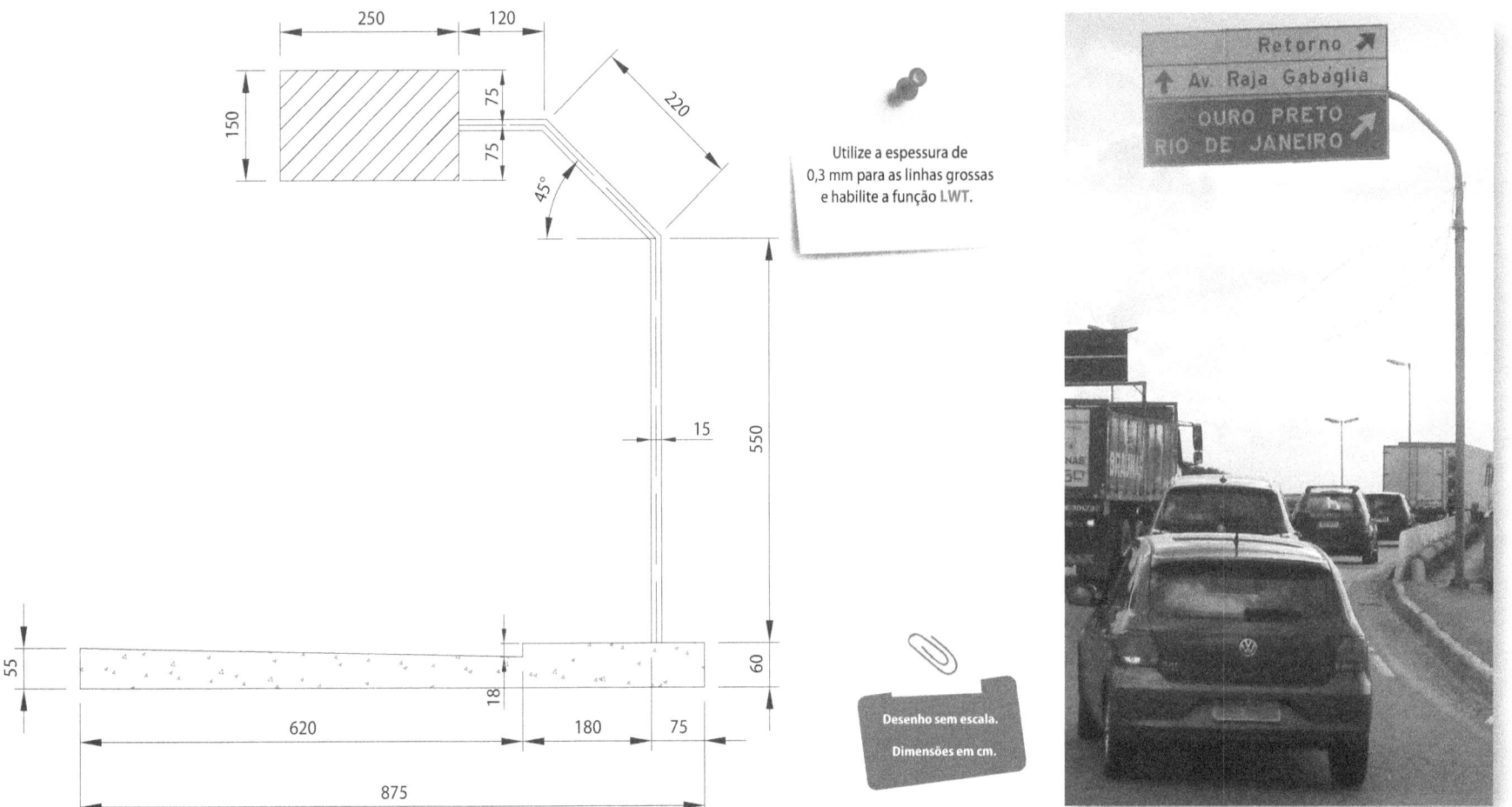

Utilize a espessura de 0,3 mm para as linhas grossas e habilite a função **LWT**.

Desenho sem escala.
Dimensões em cm.

Exercício 2.3 » **Grau de dificuldade: BÁSICO** Área do conhecimento: **DESENHO TÉCNICO**

Objetivo: Desenhar utilizando as coordenadas relativas retangulares.

Principais comandos: LINE (coordenadas relativas retangulares) e DIM.

Comentário: Os desenhos por coordenadas relativas retangulares permitem desenhar pontos coordenados a partir de um ponto anterior, considerando as suas coordenadas relativas retangulares (@ Δx, Δy). Para exemplificar, tem-se um croqui de um trator de esteiras. O trator equipado com esteiras no lugar dos pneus apresenta melhor aderência e melhor distribuição de peso, principalmente em terra solta ou em terrenos pantanosos, sendo utilizado na construção de estradas e terraplenagens.

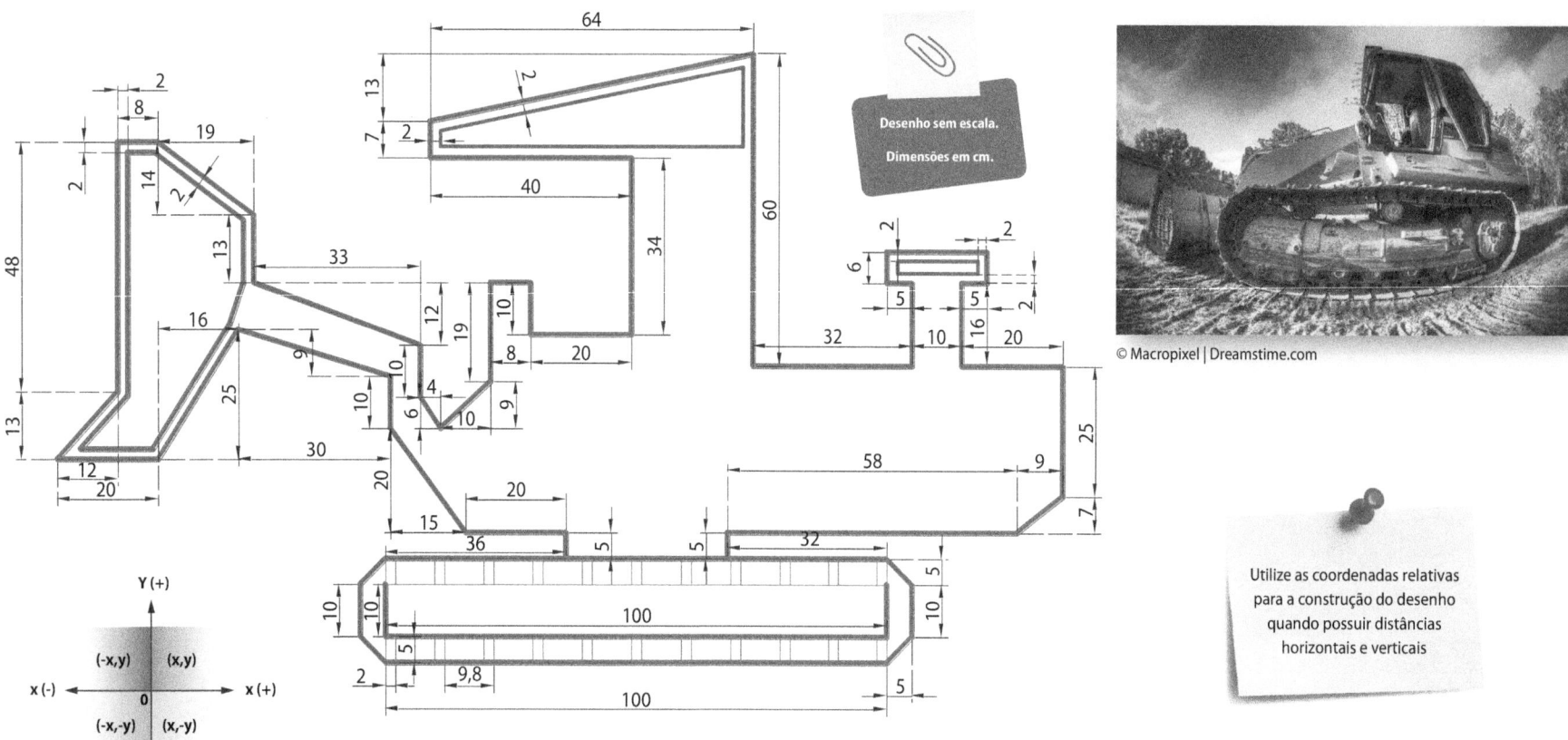

Exercício 2.4 >> Grau de dificuldade: BÁSICO **Área do conhecimento: DESENHO TÉCNICO**

Objetivo: Desenhar escalas gráficas.

Principais comandos: LINE, OFFSET, HATCH, CLOUD e TEXT.

Comentário: Escala é a relação entre uma medida no desenho e sua respectiva medida real. Uma escala pode ser de redução ou de ampliação. A escala de redução permite diminuir o tamanho do objeto no desenho e a de ampliação permite aumentar o tamanho do objeto no desenho. Uma escala gráfica é um desenho que representa a escala numérica. É utilizada em algumas plantas topográficas ou cartas e mapas, e permite sofrer a mesma deformação de escala em caso de ampliação ou redução de uma fotocópia do original.

Escala = d/R
d = medida gráfica do desenho
R = medida real

Talão (divisão principal/10)

Título da escala gráfica

1/1000

d = 1mm
R = 1m

d = 5mm

10   0   10   20   30   40m

d = 10mm
R = 10m

Divisão principal

1/100

d = 1mm
R = 0,1m

1   0   1   2   3   4m

d = 10mm
R = 1m

1/500

d = 1mm
R = 0,5m

5   0   5   10   15   20m

d = 10mm
R = 5m

1/2000

d = 1mm
R = 2mm

20   0   20   40   60   80m

d = 10mm
R = 20m

Aplique o **OFFSET** para construção da escalas gráficas.

Desenhos sem escala.
Dimensões em mm.

Exercício 2.5 » Grau de dificuldade: BÁSICO — Área do conhecimento: EDIFICAÇÕES

Objetivo: Desenhar uma sapata de concreto.

Principais comandos: LINE, HATCH, DIMENSION, OFFSET, ISOMETRIC SNAP.

Comentário: As fundações têm a função de receber as cargas das estruturas de edificações e podem ser classificadas como rasas ou profundas. A **sapata** é um dos tipos de fundações rasas mais comuns para obras residenciais, e sua geometria está associada à distribuição de cargas, diminuindo a tensão nos apoios, sendo que a base pode ser alongada de acordo com o carregamento e com a tensão admissível do solo.

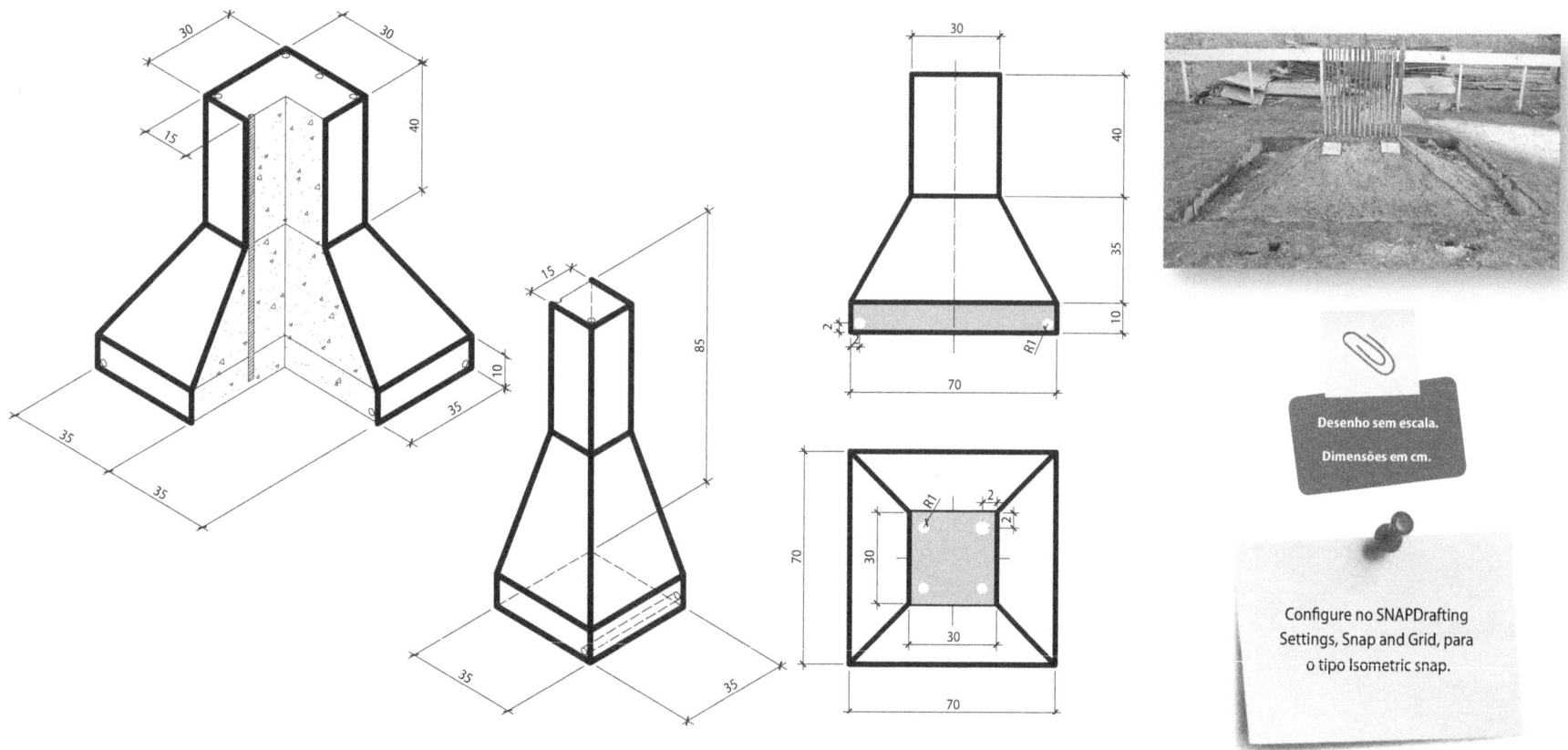

Desenho sem escala.
Dimensões em cm.

Configure no SNAPDrafting Settings, Snap and Grid, para o tipo Isometric snap.

Exercício 2.6 » Grau de dificuldade: BÁSICO — Área do conhecimento: TRÂNSITO

Objetivo: Desenhar uma sinalização tátil.

Principais comandos utilizados: LINE, CIRCLE, MIRROR e OFFSET.

Comentário: A sinalização tátil no piso pode ser direcional ou de alerta. Ambas devem ter cor e textura contrastantes com o piso adjacente (ABNT NBR 9050: 2004).

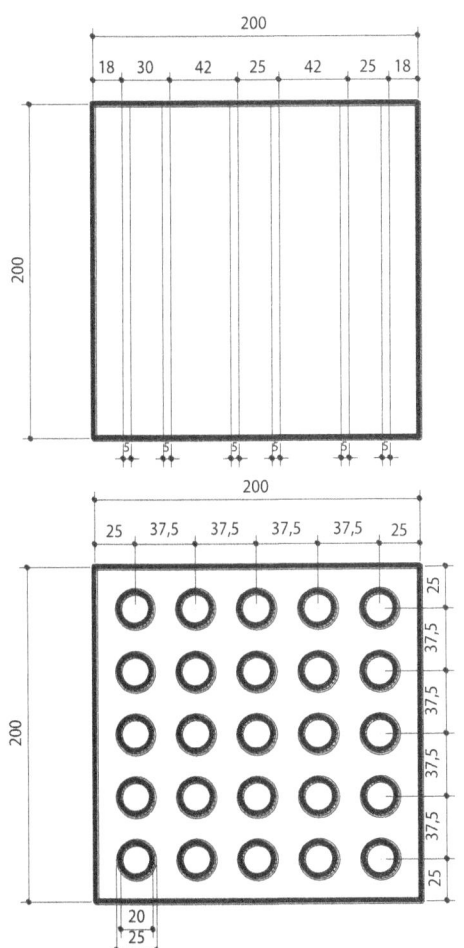
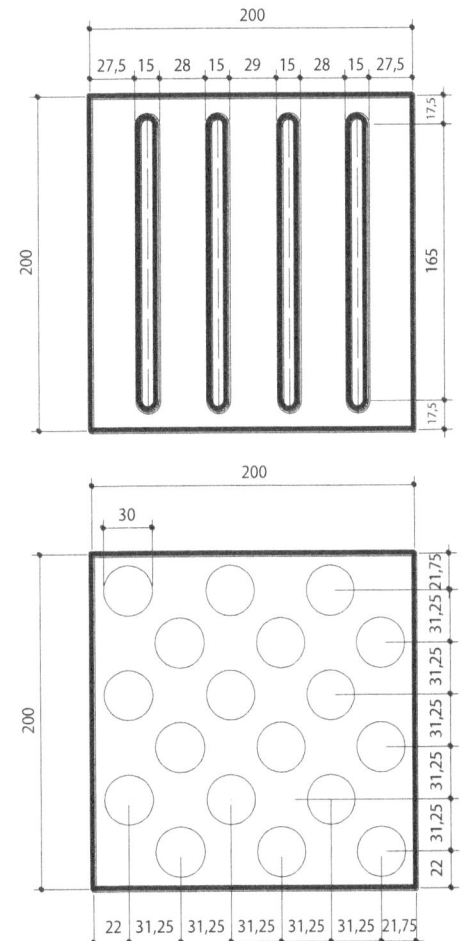

Desenhos sem escala.
Dimensões em mm.

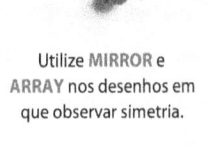
Utilize MIRROR e ARRAY nos desenhos em que observar simetria.

Exercício 2.7 » Grau de dificuldade: BÁSICO
Área do conhecimento: DESENHO TÉCNICO

Objetivo: Desenhar arcos.

Principais comandos: DIM, ARC e TEXT.

Comentário: O desenho de arcos (trecho de uma circunferência) no CAD pode ser executado de 10 formas diferentes. O arco é sempre desenhado no sentido anti-horário (exceto para o ângulo com um valor negativo, por exemplo), sendo o centro deste traço similar à posição da ponta-seca de um compasso.

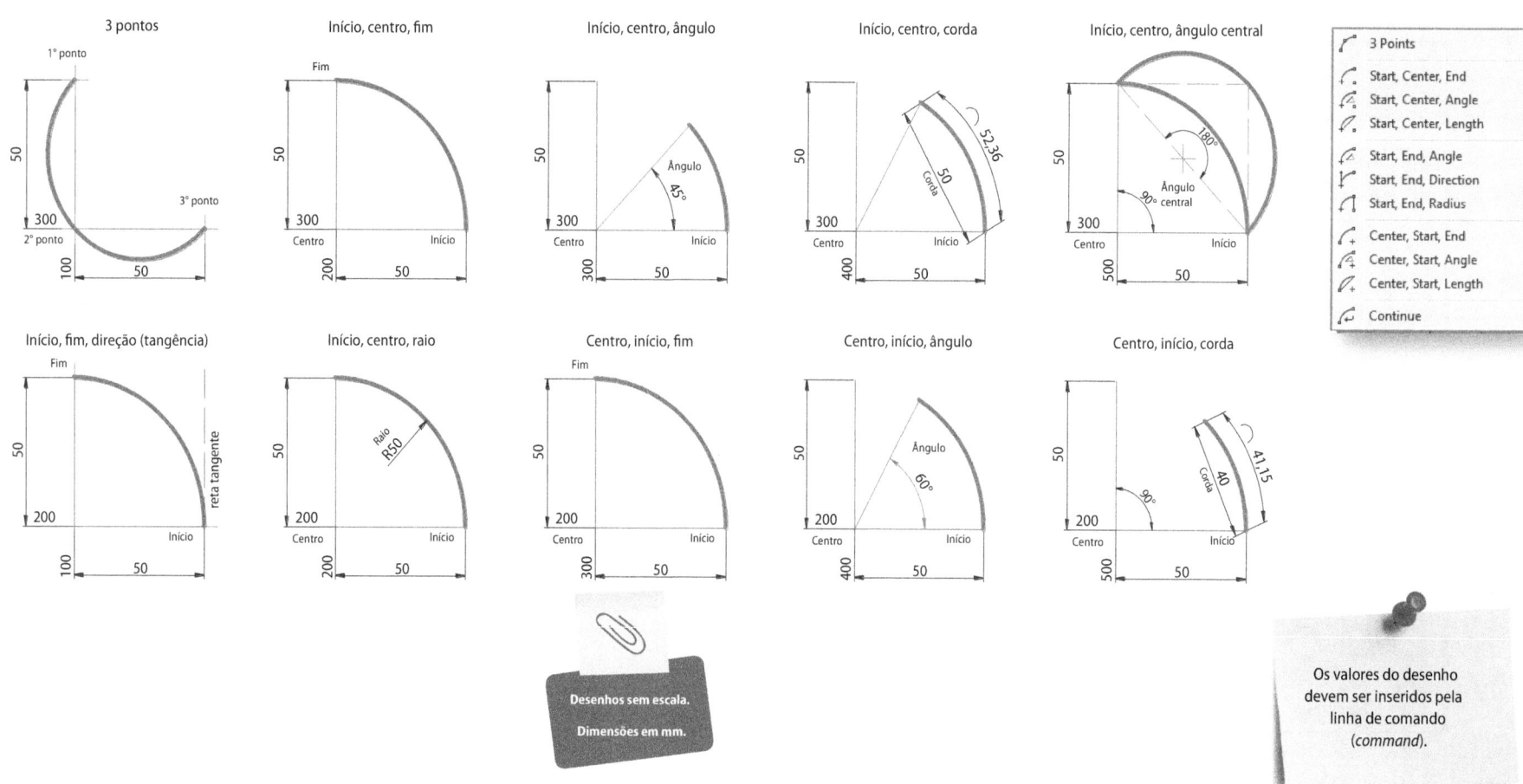

Desenhos sem escala.
Dimensões em mm.

Os valores do desenho devem ser inseridos pela linha de comando (*command*).

Exercício 2.8 » **Grau de dificuldade: BÁSICO** Área do conhecimento: **DESENHO TÉCNICO**

Objetivo: Desenhar cotas em desenhos.

Principais comandos: TEXT e DIM.

Comentário: Muitas vezes, um desenho deve ser cotado. Isso é realizado pelo comando DIM (*Dimension*). Trata-se de um processo de acrescentar medidas a um desenho, entre elas cotar linhas, arcos, círculos, ordenadas de pontos e ângulos. Cada atividade da engenharia apresenta seus desenhos com suas respectivas unidades de cotas – em plantas de edificações, em centímetros; em peças da mecânica, em milímetros; na topografia, em metros, etc.

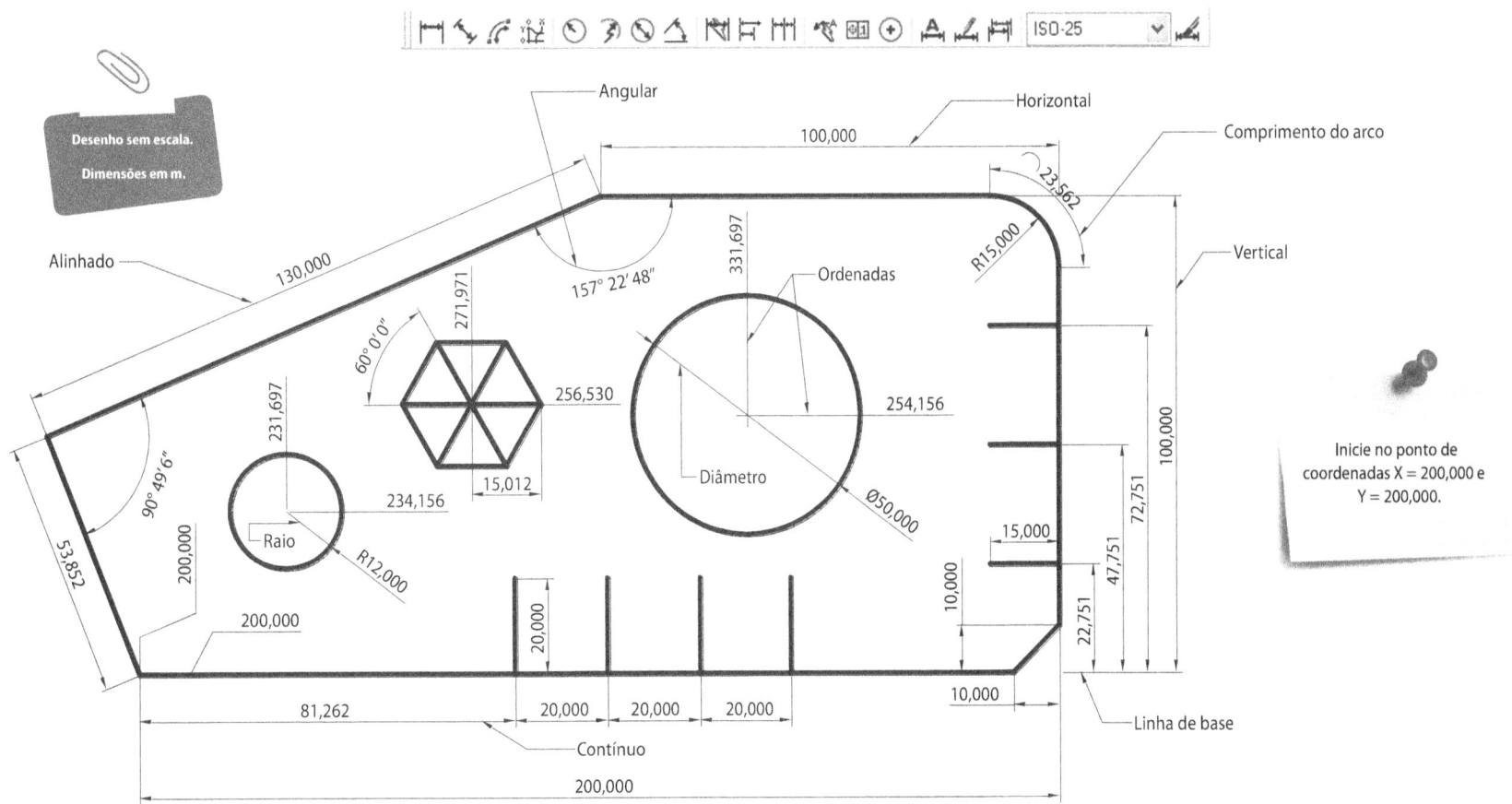

Desenho sem escala. Dimensões em m.

Inicie no ponto de coordenadas X = 200,000 e Y = 200,000.

Exercício 2.9 » Grau de dificuldade: BÁSICO — Área do conhecimento: SOLOS

Objetivo: Desenhar um esquema das fases do solo.

Principais comandos: RECTANGLE, TEXT, HATCH e DIM.

Comentário: O solo pode ser definido como um material constituído por um conjunto de partículas sólidas que possuem entre si espaços vazios, que poderão estar parcial ou totalmente preenchidos de água ou ar. As relações entre as fases são expressas pelos índices físicos, tais como teor de umidade, massas específicas, porosidade, índice de vazios, grau de compacidade, grau de saturação e densidade real, incluindo as relações entre esses.

Estratificando as três fases do solo:

Volumes
Var - Volume de ar
Va - Volume de água
Vs - Volume de sólido
Vv - Volume de vazios = Var + Va
Vt - Volume total = Var + Va + Vs

Massas
Ma - Massa de água contida no solo
Ms - Massa de sólido
Mt - Massa total (solo úmido) = Var + Va + Vs

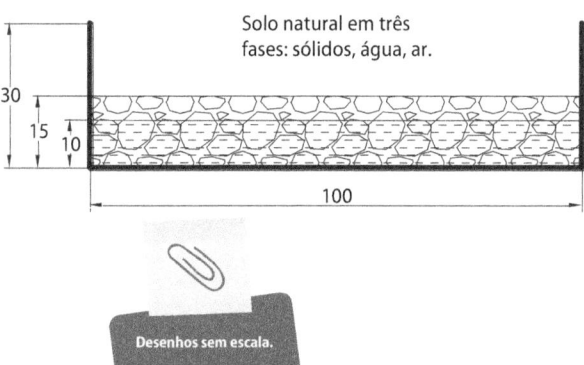

Solo natural em três fases: sólidos, água, ar.

Desenhos sem escala.
Dimensões em mm.

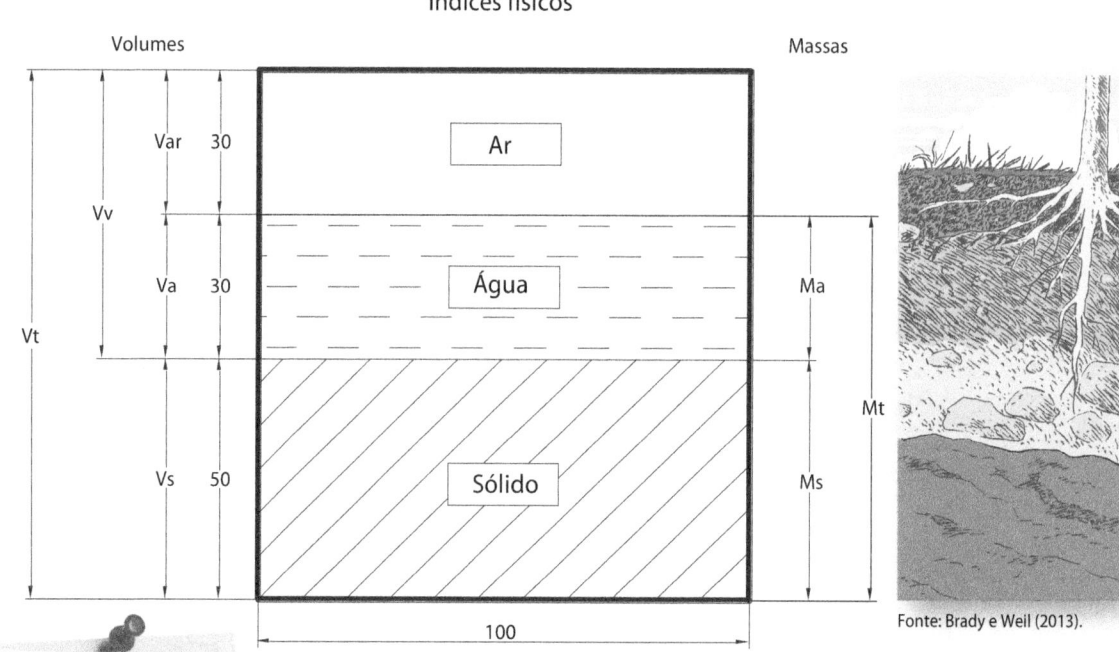

Fonte: Brady e Weil (2013).

Utilize o HATCH para construção do esquema das fases do solo.

Exercício 2.10 » Grau de dificuldade: BÁSICO

Área do conhecimento: ESTRADAS

Objetivo: Desenhar uma curva horizontal.

Principais comandos: ARC, CIRCLE, DIMENSION, TEXT e TABLE.

Comentário: A curva circular simples é usada normalmente para raios maiores que 600 metros, mas pode ser aplicada também em raios muito pequenos, como no caso de praças, trevos, estacionamentos, etc. A curva circular, como o nome indica, é um arco de uma circunferência. Os dados para cálculo dos elementos de uma curva horizontal são o ângulo de deflexão (I), o raio da curva (R) e a estaca do ponto de interseção (est. PI). Os elementos calculados são a Tangente (T), o Desenvolvimento (D), as estacas do Ponto de Curva (PC) e do Ponto de Tangência (PT) e o Afastamento (A).

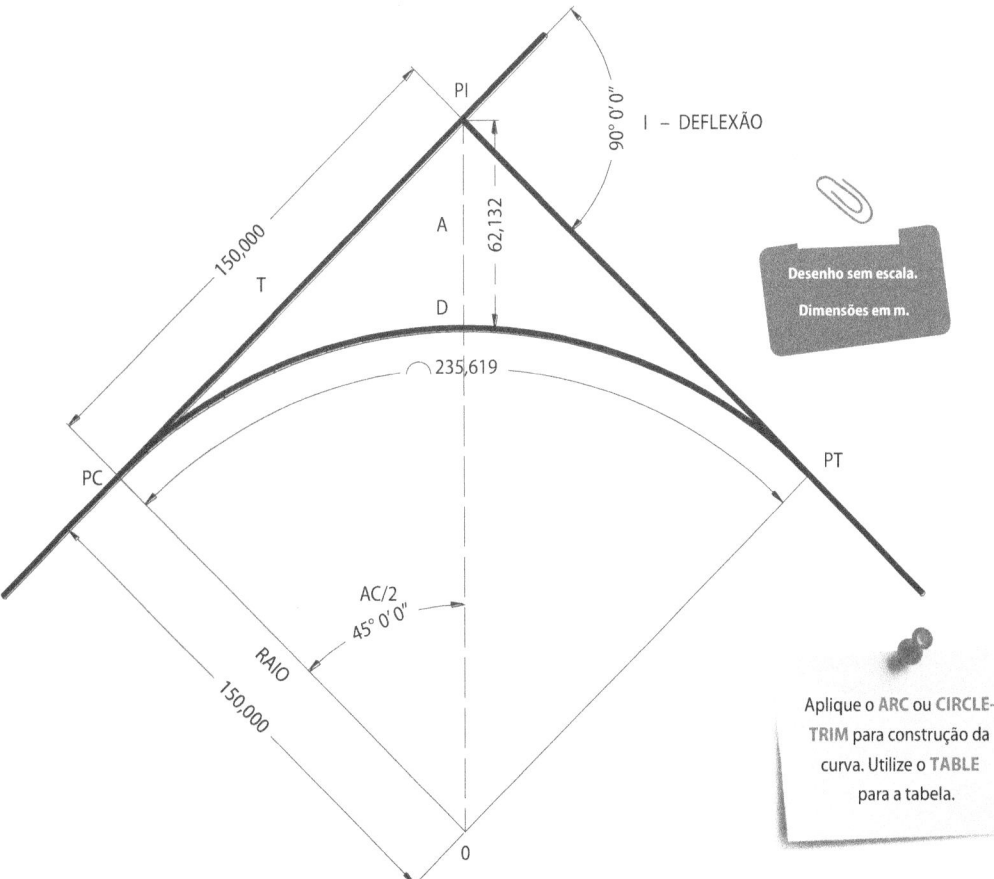

Formulário

$$T = R \cdot tg\left(\frac{AC}{2}\right) \qquad D = \frac{\pi \cdot R \cdot AC}{180} \qquad A = \frac{R}{\cos\frac{AC}{2}} - R$$

Cálculo do elementos da curva circular

Dados		Cálculos		
R (m)	AC	T (m)	D (m)	A (m)
150,000	90° 00' 00"	150,000	235,619	62,132

Aplique o ARC ou CIRCLE-TRIM para construção da curva. Utilize o TABLE para a tabela.

Desenho sem escala. Dimensões em m.

Image Source | gettyimages®

Exercício 2.11 » Grau de dificuldade: BÁSICO
Área do conhecimento: TRÂNSITO

Objetivo: Desenhar uma placa de advertência.

Principais comandos: LINE, OFFSET, TRIM e WBLOCK.

Comentário: De acordo com o Código de Trânsito Brasileiro (CTB), o objetivo da sinalização de advertência é alertar os usuários da via para condições potencialmente perigosas, indicando sua natureza. A forma padrão dos sinais de advertência é quadrada, com uma das diagonais na posição vertical.

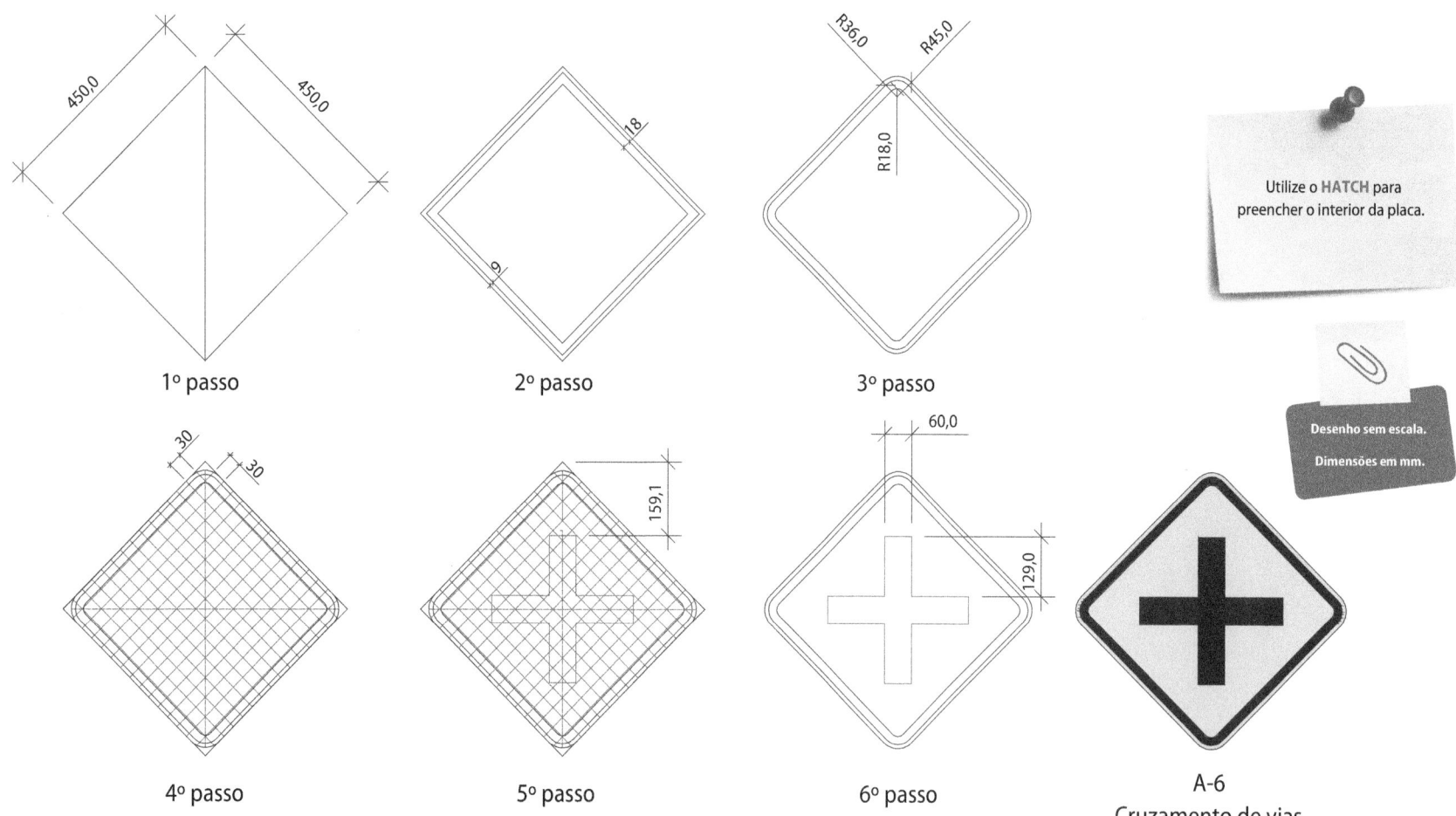

Exercício 2.12 » Grau de dificuldade: BÁSICO **Área do conhecimento: ARTE GRÁFICA**

Objetivo: Desenhar um labirinto.

Principais comandos: CIRCLE, OFFSET e TRIM.

Comentário: Um labirinto é um conjunto de percursos intrincados criados com a intenção de desorientar quem os percorre. Podem ser construções tridimensionais, como o lendário labirinto de Creta construído por Dédalo, arquiteto cujo nome tornou-se também sinônimo de labirinto, para alojar o Minotauro, monstro metade homem, metade touro, a quem eram oferecidos regularmente jovens para devorar ou apenas desenhos (como os labirintos que aparecem nos jornais para passatempo).

Dorling Kindersley | gettyimages®

Desenho sem escala.
Dimensões em mm.

Faça círculos concêntricos (CIRCLE), com distância de OFFSET igual a 17 cm. Utilize o TRIM para apagar os segmentos não desejáveis.

Exercício 2.13 » Grau de dificuldade: BÁSICO — Área do conhecimento: TOPOGRAFIA

Objetivo: Desenhar uma poligonal topográfica I.

Principais comandos: LINE (Coordenadas polares), DIM, AREA e PERIMETER.

Comentário: Uma poligonal topográfica é uma sucessão de alinhamentos conectados por distâncias e ângulos horizontais (azimute, rumo, ângulo horizontal ou deflexão). A poligonal topográfica é demarcada em campo por piquetes, e os ângulos e distâncias são medidos com uso de teodolitos ou estações totais. Servem de apoio para a medição das irradiações, ou seja, dos elementos naturais e artificiais de interesse à representação. Segundo a Norma ABNT NBR 13133:1994, as poligonais planimétricas são classificadas de IP a VP em função da precisão exigida no serviço.

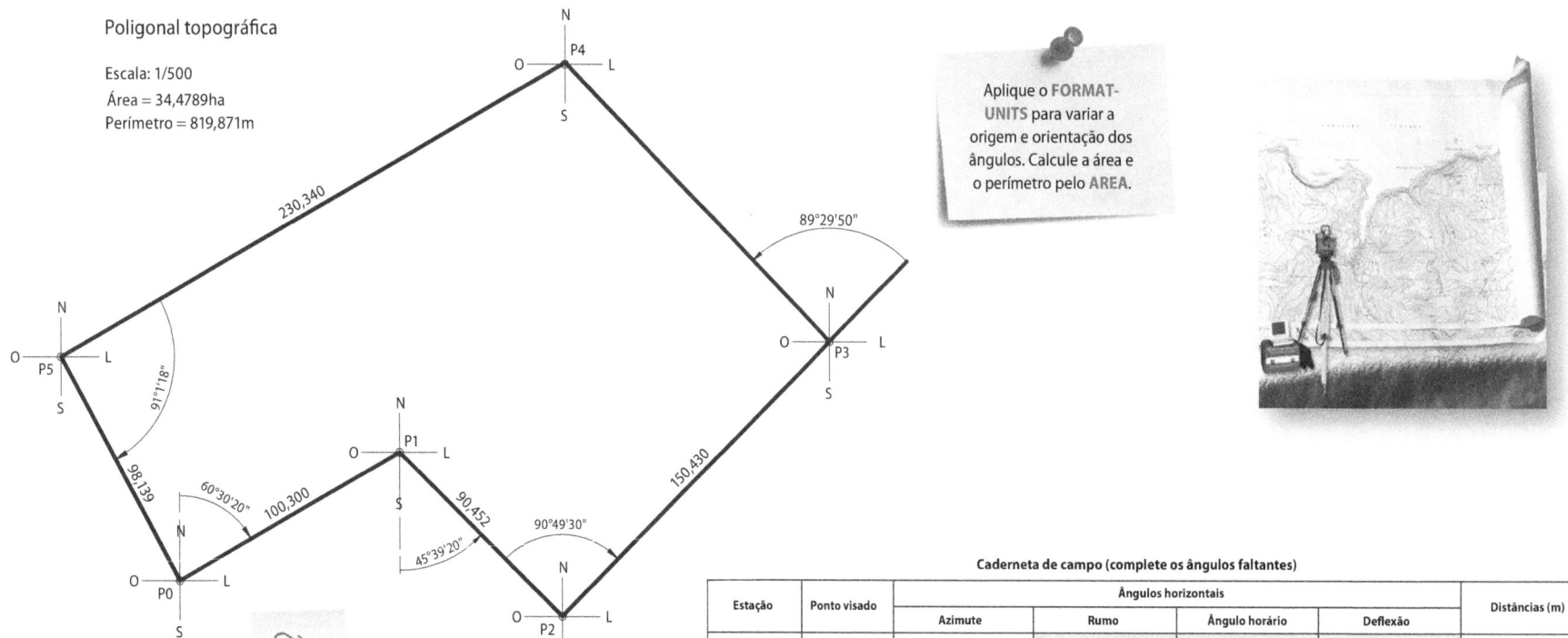

Poligonal topográfica

Escala: 1/500
Área = 34,4789ha
Perímetro = 819,871m

Aplique o FORMAT-UNITS para variar a origem e orientação dos ângulos. Calcule a área e o perímetro pelo AREA.

Desenho sem escala.
Dimensões em m.

Caderneta de campo (complete os ângulos faltantes)

Estação	Ponto visado	Ângulos horizontais				Distâncias (m)
		Azimute	Rumo	Ângulo horário	Deflexão	
P0	P1	60° 30' 20"				100,300
P1	P2		40° 39' 20" SL			90,452
P2	P3			90° 49' 30"		150,430
P3	P4				89° 29' 50" L	150,210
P4	P5		60° 30' 30" SO			230,340
P5	P0			91° 01' 18"		98,139

Coordenadas de P0: X = 1000,000m; Y = 1000,000m

Exercício 2.14 » Grau de dificuldade: BÁSICO — Área do conhecimento: TRÂNSITO

Objetivo: Desenhar faixas de mudança de velocidade.

Principais comandos: ARC, OFFSET e DIM.

Comentário: Uma faixa de mudança de velocidade tem como objetivo proporcionar aos veículos um espaço de segurança adequado para manobras que exigem variação de velocidade, sem provocar interferências ao tráfego principal. Essas faixas podem ser de aceleração e desaceleração. No início e no fim das faixas, é necessário projetar um trecho de largura variável denominado **Teiper**. O cálculo do comprimento do Teiper e do comprimento total da faixa de aceleração e desaceleração é função da velocidade de projeto, raio da curva de conversão, trânsito da rodovia e inclinação dos trechos.

Desenho sem escala.
Dimensões em m.

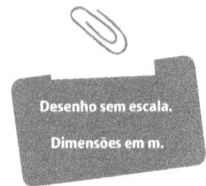

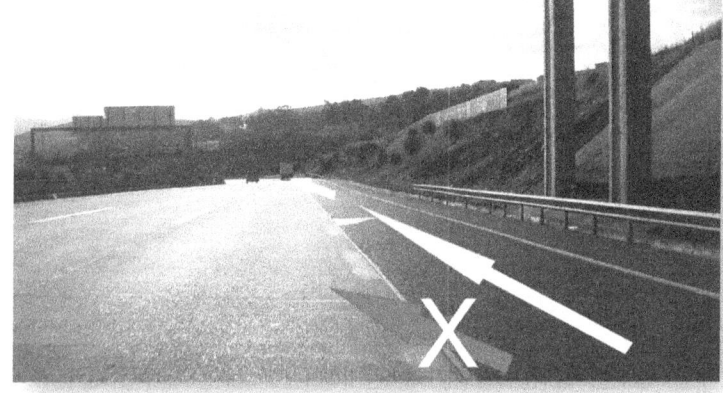

Dados de projeto:

a) Velocidade de projeto = 110km/h
b) Trânsito pouco intenso na via
c) Ramo de entrada com inclinação de +3%
d) Ramo de saída com inclinação de -3%
e) Velocidade de projeto dos ramos = 50km/h
f) Raio mínimo de conversão = 80m

Faixa de aceleração

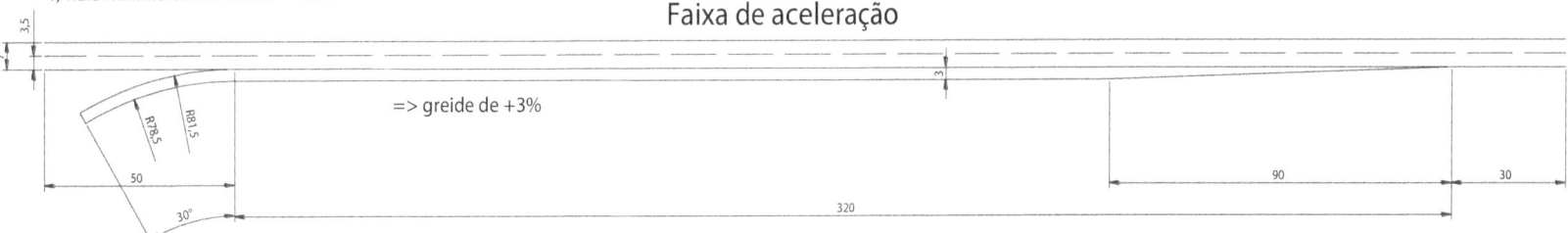

Faixa de desaceleração

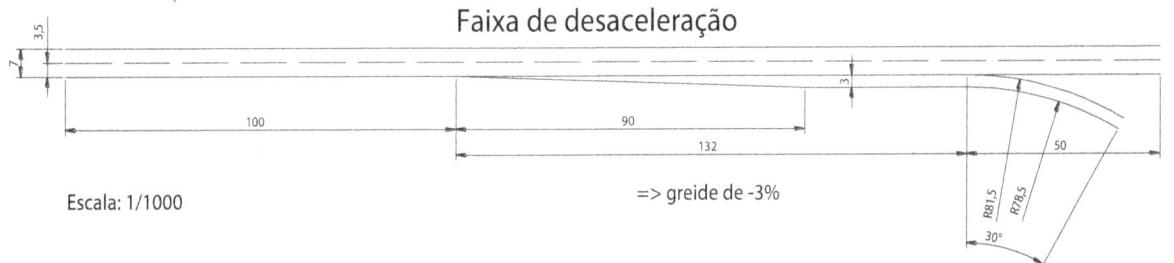

Escala: 1/1000

Para a alça, utilize o ARC com raio do eixo igual a 80m e ângulo de 30°.

Exercício 2.15 » Grau de dificuldade: BÁSICO   Área do conhecimento: ESTRADAS

Objetivo: Desenhar concordâncias e chanfros.

Principais comandos: INSERT-RASTER IMAGE, FILLET, CHANFER e OFFSET.

Comentário: Uma calçada (ou passeio) é a parte da via destinada aos pedestres. Geralmente os pedestres não utilizam toda a largura da calçada durante seu percurso e, em geral, mantêm-se afastados no mínimo 0,45 m das vitrines, paredes e muros, a não ser no caso de multidões. Nas interseções de vias locais, as ruas (e calçadas) são concordadas com raios pequenos, que variam de 2 a 5 metros. Também com o objetivo de facilitar a visibilidade no ato de uma conversão de veículos, pode-se projetar um chanfro nas edificações, que podem variar de 2 a 4 metros.

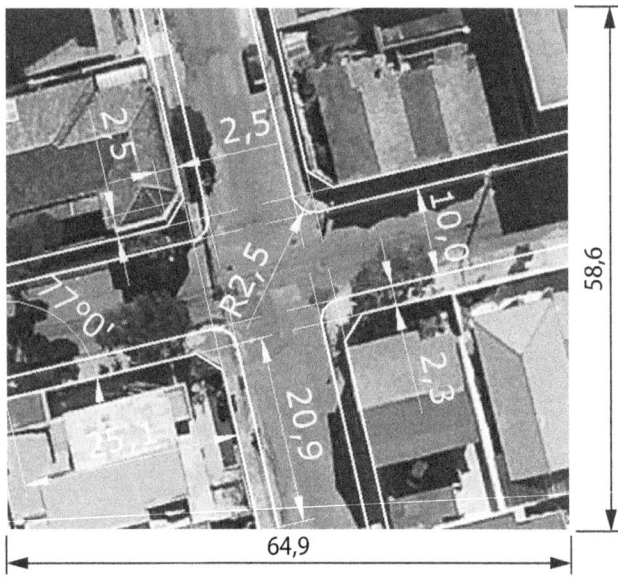

Desenho sem escala.

Dimensões em m.

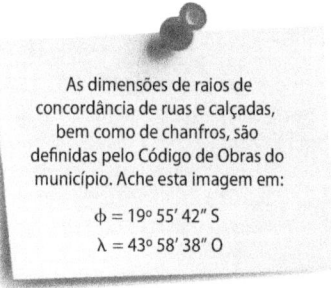

As dimensões de raios de concordância de ruas e calçadas, bem como de chanfros, são definidas pelo Código de Obras do município. Ache esta imagem em:

$\phi = 19° 55' 42'' S$

$\lambda = 43° 58' 38'' O$

Exercício 2.16 » Grau de dificuldade: BÁSICO   Área do conhecimento: ESTRADAS

Objetivo: Desenhar interseções viárias I.

Principais comandos: GRID, ARC e MULTILINE.

Comentário: Uma interseção viária é a área em que duas ou mais vias se unem ou se cruzam, abrangendo todo o espaço destinado a facilitar as manobras dos veículos que por ela circulam. As interseções são classificadas em duas categorias gerais, conforme os planos em que se realizam os movimentos: interseções em nível e interseções em níveis diferentes.

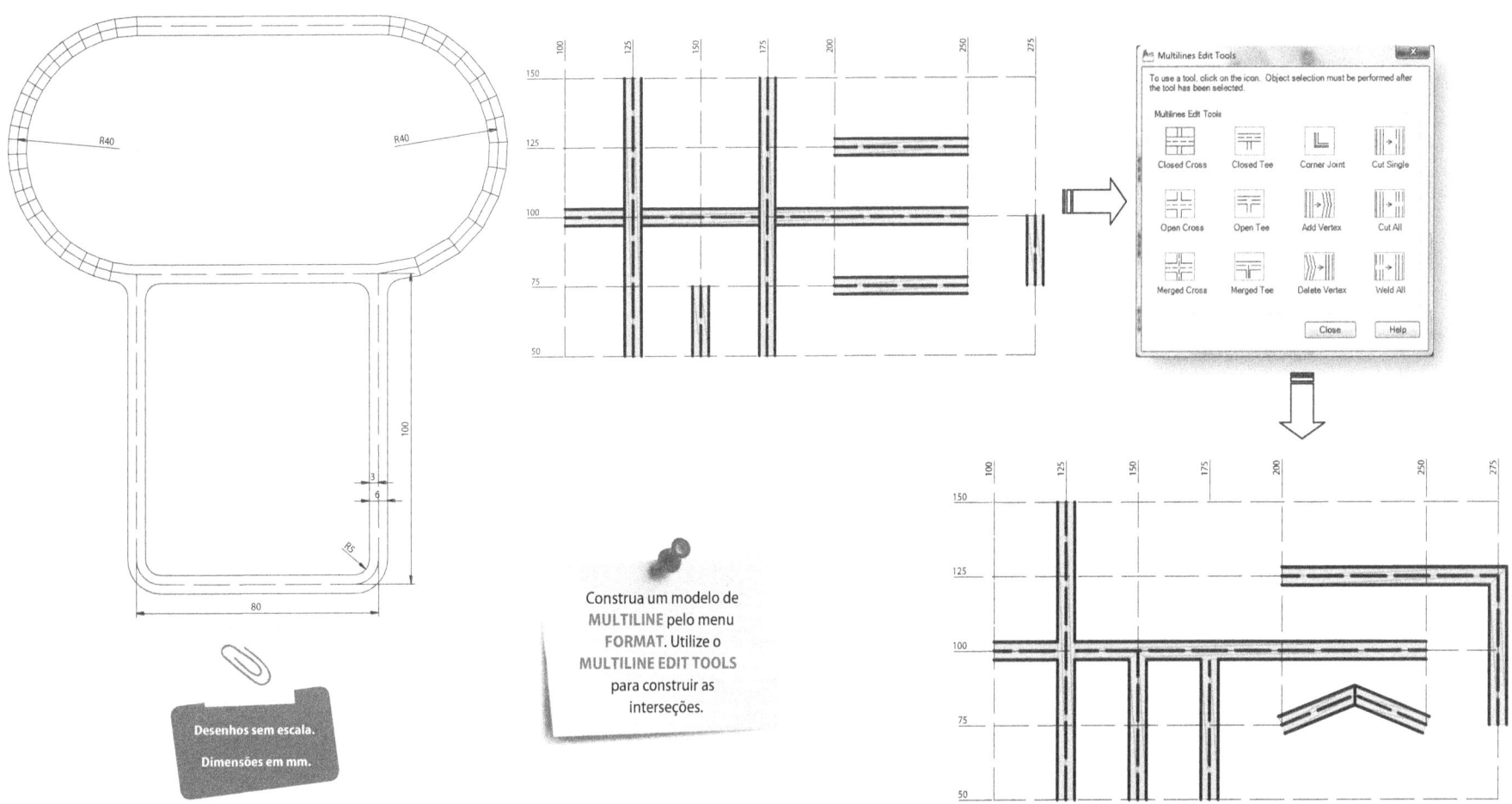

Construa um modelo de **MULTILINE** pelo menu **FORMAT**. Utilize o **MULTILINE EDIT TOOLS** para construir as interseções.

Desenhos sem escala.
Dimensões em mm.

Exercício 2.17 » Grau de dificuldade: BÁSICO — Área do conhecimento: ARTE GRÁFICA

Objetivo: Desenhar o *iPhone 4*, da *Apple*.

Principais comandos: OFFSET, DIMENSION, TRIM e FILLET.

Comentário: A Apple foi fundada por Steve Wozniak, Steve Jobs e Ronald Wayne com o nome de *Apple Computers* em 1976, na Califórnia. A empresa projeta e comercializa produtos eletrônicos, *software* e computadores. Entre os produtos de *hardware* estão a linha de computadores Macintosh, o *iPod*, o *iPhone* e o *iPad*. O *iPhone* é um telefone celular com múltiplas funções, entre elas câmera digital e internet. A navegação é feita através de sua tela sensível a múltiplos toques (*multitouch*), sendo o *iPhone4* a quarta geração deste tipo de equipamento.

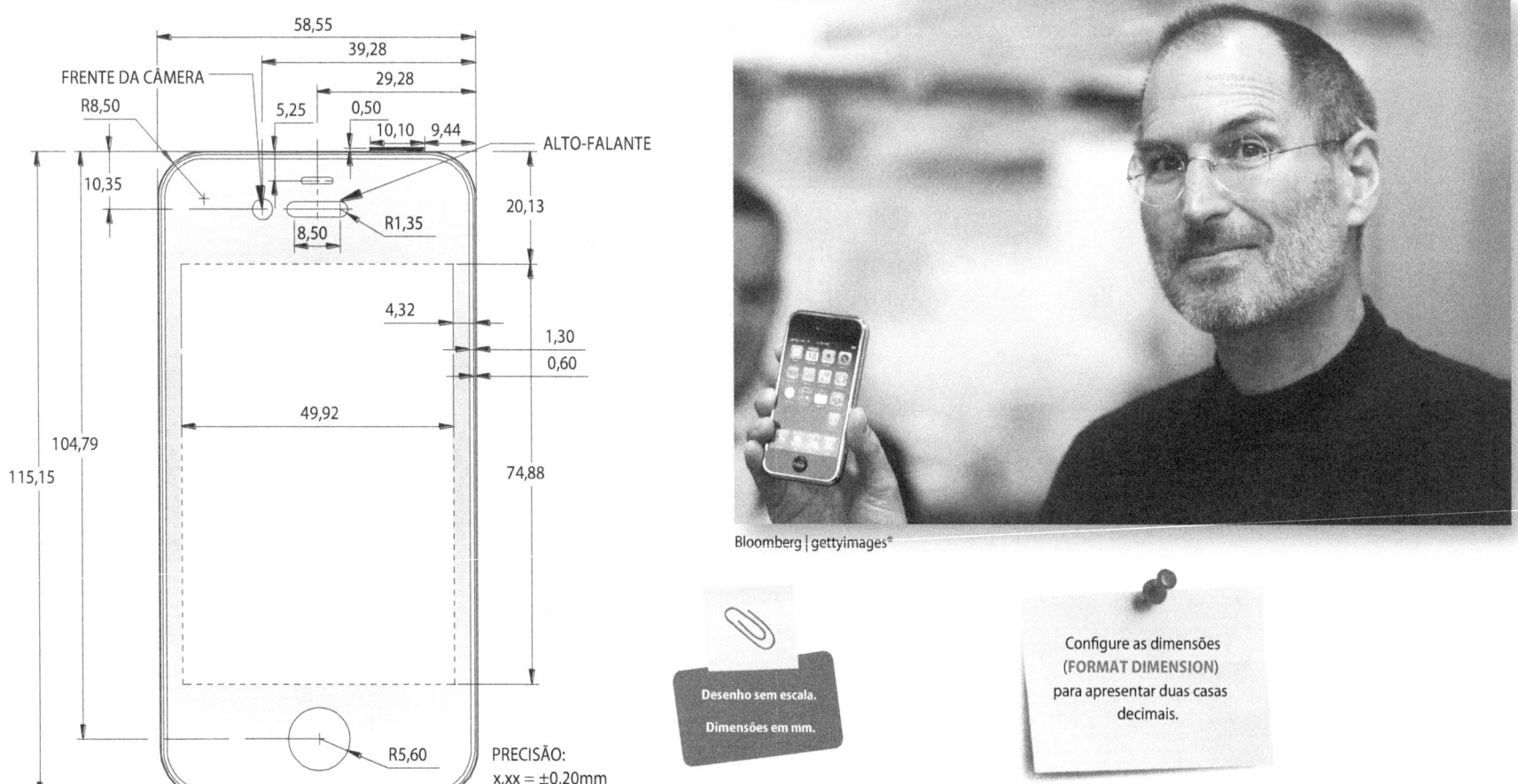

Desenho sem escala. Dimensões em mm.

Configure as dimensões (**FORMAT DIMENSION**) para apresentar duas casas decimais.

PRECISÃO: x,xx = ±0,20mm

Exercício 2.18 » Grau de dificuldade: BÁSICO — Área do conhecimento: DESENHO TÉCNICO

Objetivo: Desenhar um campo oficial de futebol.

Principais comandos: Polar Tracking (30º), VIEW, GRADIENT e DIM (oblique).

Comentário: O futebol, criado em 1886, é um esporte em equipe jogado entre dois times de 11 jogadores cada. É considerado o esporte mais popular do mundo, sendo praticado por cerca de 270 milhões de pessoas. O Brasil já foi pentacampeão do mundo neste esporte e, em 2014, sediará a Copa do Mundo, campeonato promovido pela FIFA (*Fédération Internationale de Football Association*).

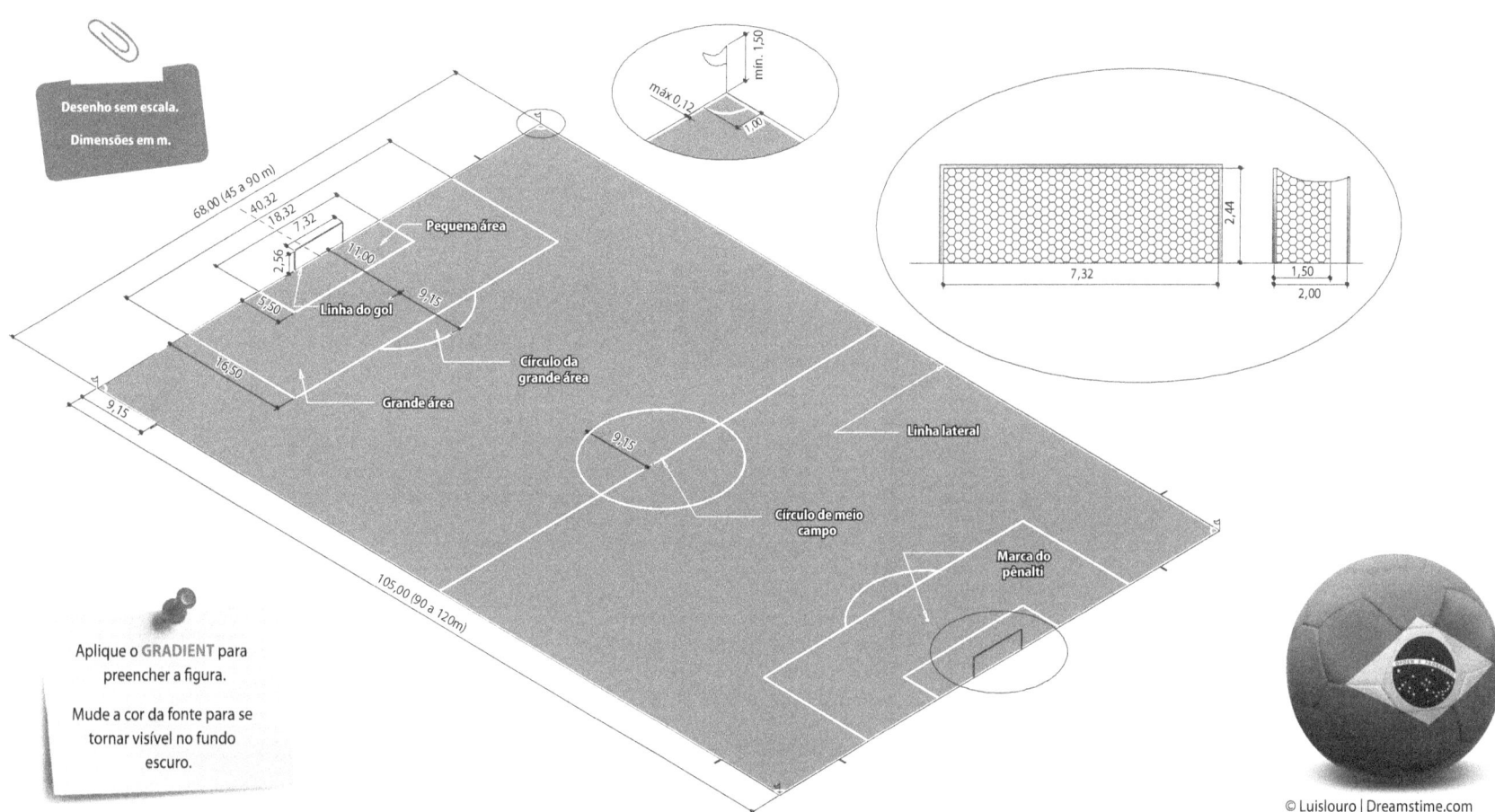

Desenho sem escala.
Dimensões em m.

Aplique o GRADIENT para preencher a figura.

Mude a cor da fonte para se tornar visível no fundo escuro.

© Luislouro | Dreamstime.com

Exercício 2.19 » Grau de dificuldade: BÁSICO   Área do conhecimento: DESENHO TÉCNICO

Objetivo: Desenhar peças em perspectiva isométrica.

Principais comandos: Polar Tracking (30°), VIEW e DIM (oblique).

Comentário: A perspectiva isométrica é um caso particular de projeção cilíndrica ortogonal muito utilizada para o desenho técnico mecânico. Ela ocorre quando o observador está situado no infinito e, portanto, as retas projetantes são paralelas e incidem perpendicularmente ao plano de quadro. O sistema de eixos da situação a ser projetada ocorrerá na perspectiva, quando vistos no plano, de forma equiangular (em ângulos de 120°). Desta forma, é possível traçar uma perspectiva isométrica através de uma grelha de retas desenhadas a partir de ângulos de 30°.

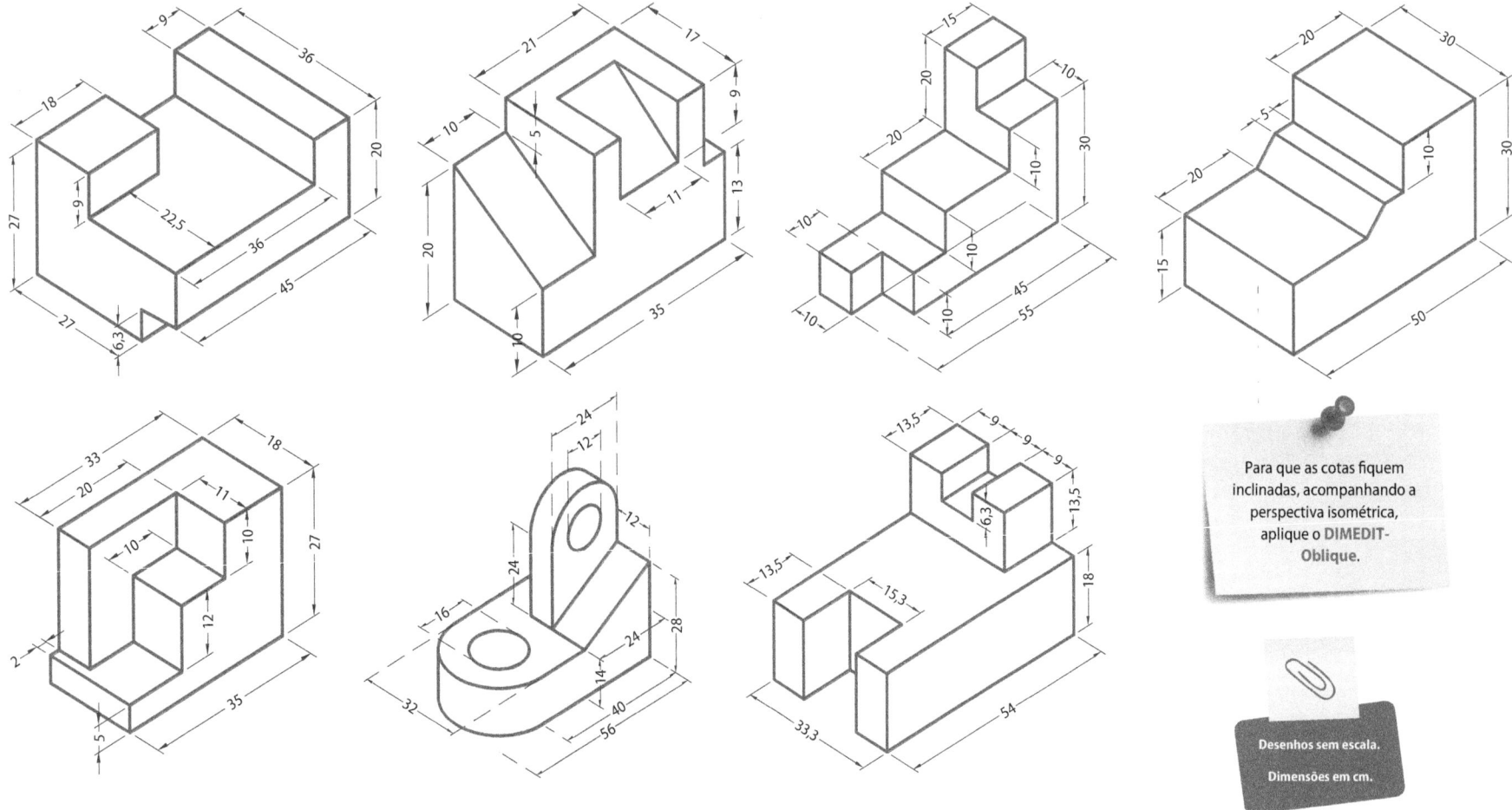

Para que as cotas fiquem inclinadas, acompanhando a perspectiva isométrica, aplique o DIMEDIT-Oblique.

Desenhos sem escala.
Dimensões em cm.

Exercício 2.20 » Grau de dificuldade: BÁSICO
Área do conhecimento: TOPOGRAFIA

Objetivo: Desenhar convenções topográficas.

Principais comandos: LINE, OFFSET, LINETYPE, POINT STILE e TEXT.

Comentário: As convenções topográficas (ou legenda) são símbolos, construídos por tipos de traços, pontos e cores característicos, que traduzem os detalhes físicos, naturais e artificiais em uma planta topográfica. Um cuidado para sua utilização é o tamanho do símbolo em relação ao objeto a representar, uma vez que para seu uso não existe a aplicação de uma escala. Uma referência bibliográfica importante é a ABNT NBR 13133:1994, que apresenta diversas convenções topográficas corriqueiras.

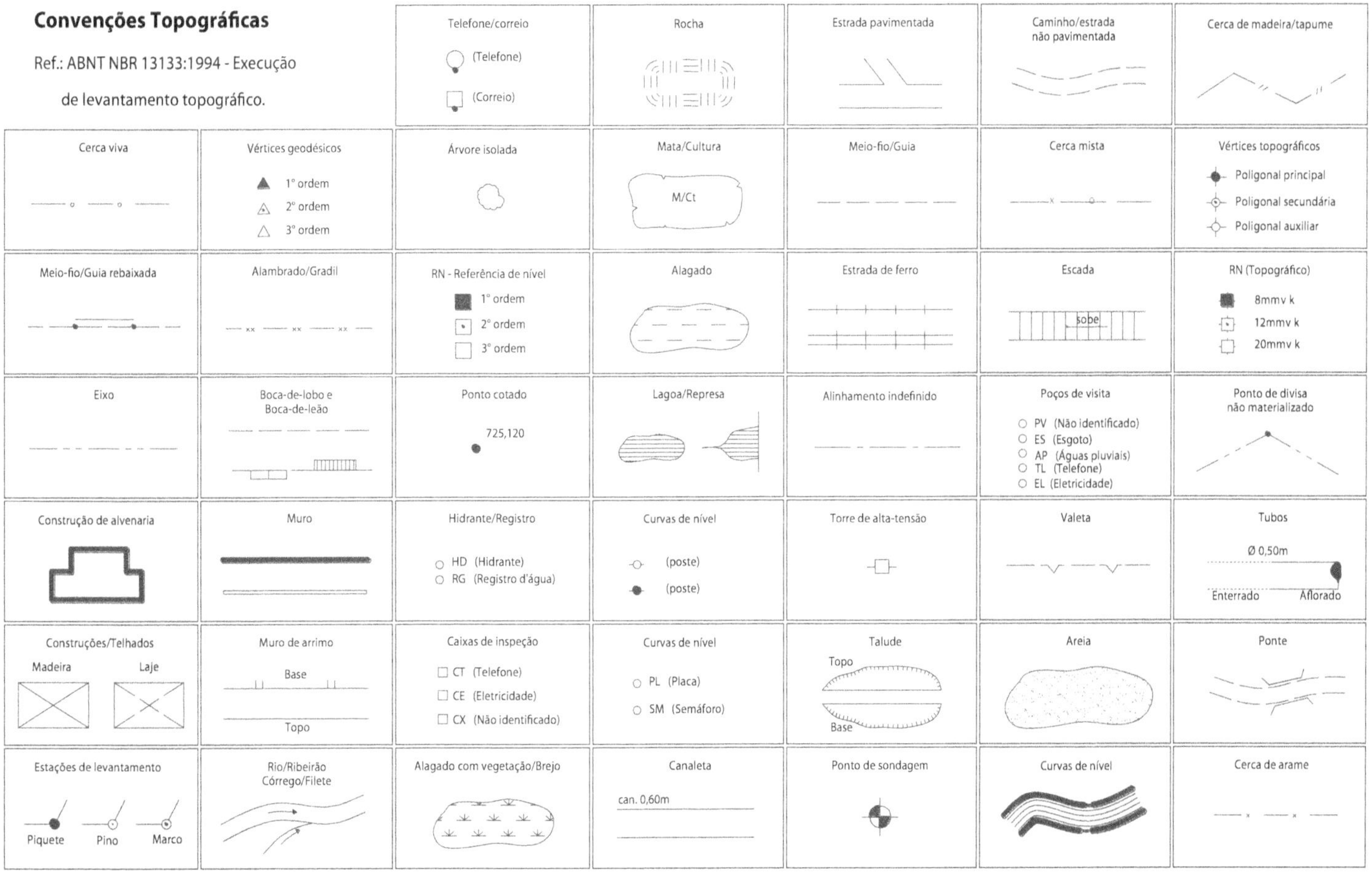

Os desenhos do quadro de convenções podem compor uma biblioteca de blocos, facilitando um desenho topográfico.

Desenhos sem escala.

Exercício 2.21 » Grau de dificuldade: BÁSICO
Área do conhecimento: TRANSPORTES

Objetivo: Desenhar um trilho e um dormente.

Principais comandos: OFFSET, FILLET, DIM e TRIM.

Comentário: Entre os principais componentes de uma ferrovia estão os trilhos e os dormentes. Os trilhos são perfis de aço laminado, dispostos de forma paralela entre si sobre dormentes (travessas), as quais são peças de madeira, concreto armado, aço ou ainda, polímeros. Quanto à malha ferroviária brasileira, a Associação Nacional dos Transportadores Ferroviários, que representa as operadoras de 94% da malha desde 1996, informou, em 2011, um crescimento do setor em 111,7%, sendo duas vezes o registrado para o PIB nesses 15 anos. Mesmo com este avanço, este setor possui pouco mais de 25% da carga transportada do país, devendo crescer nos próximos anos na busca de competitividade com outros modos de transporte.

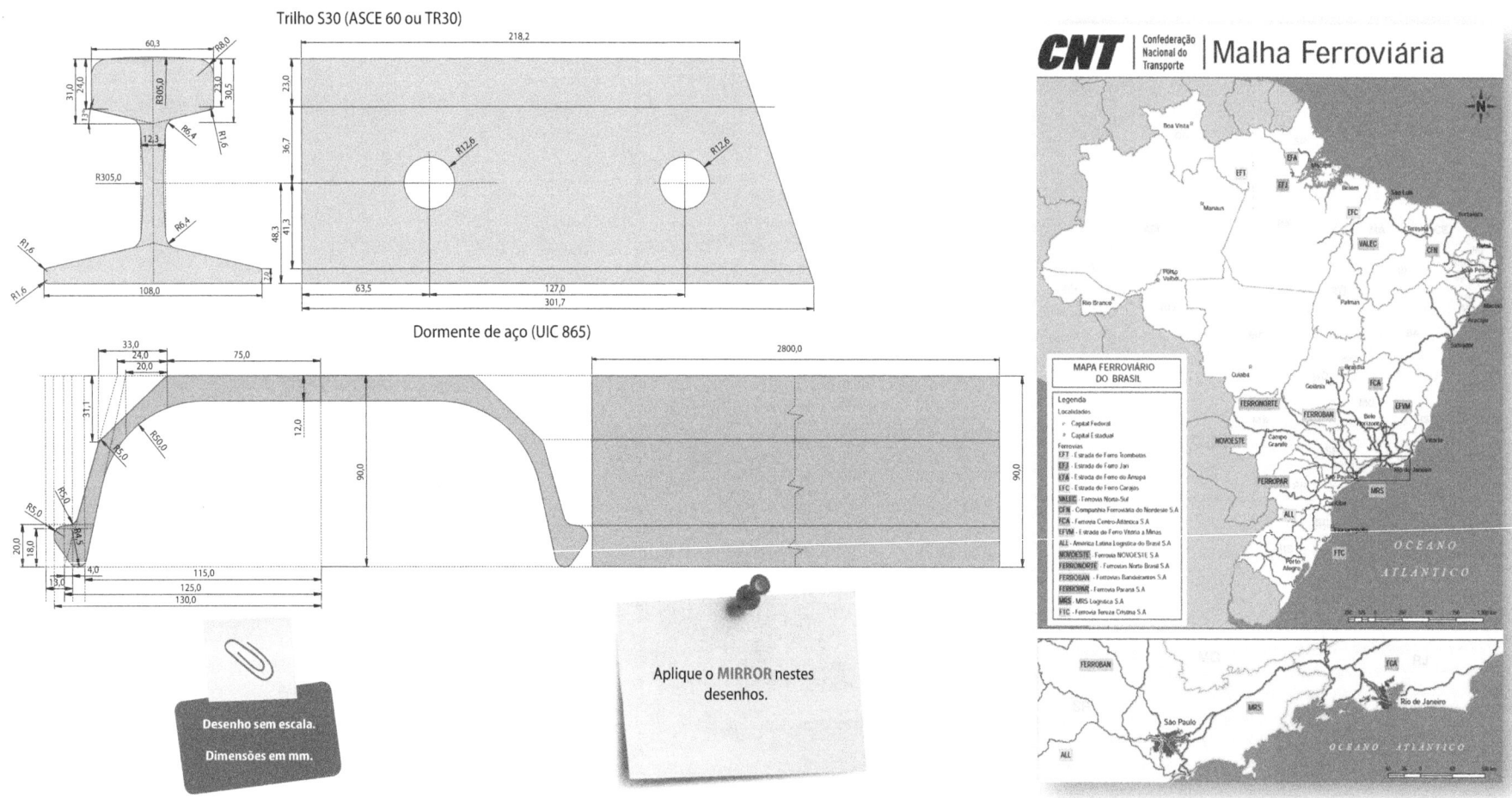

Aplique o **MIRROR** nestes desenhos.

Desenho sem escala.

Dimensões em mm.

Exercício 2.22 » Grau de dificuldade: BÁSICO — Área do conhecimento: DESENHO TÉCNICO

Objetivo: Desenhar segmento a partir de coordenadas tridimensionais.

Principais comandos: 3D VIEW e LINE.

Comentário: O AutoCAD possibilita o desenho em três dimensões, considerando os eixos X, Y e Z. Existem *softwares* no mercado dedicados exclusivamente à modelagem tridimensional de um objeto (seja inanimado ou vivo), a citar: *Autodesk Inventor, SketchUp, 3ds Max, Blender, Cinema 4D, Maya, ZBrush, Pro Engineer*, entre outros.

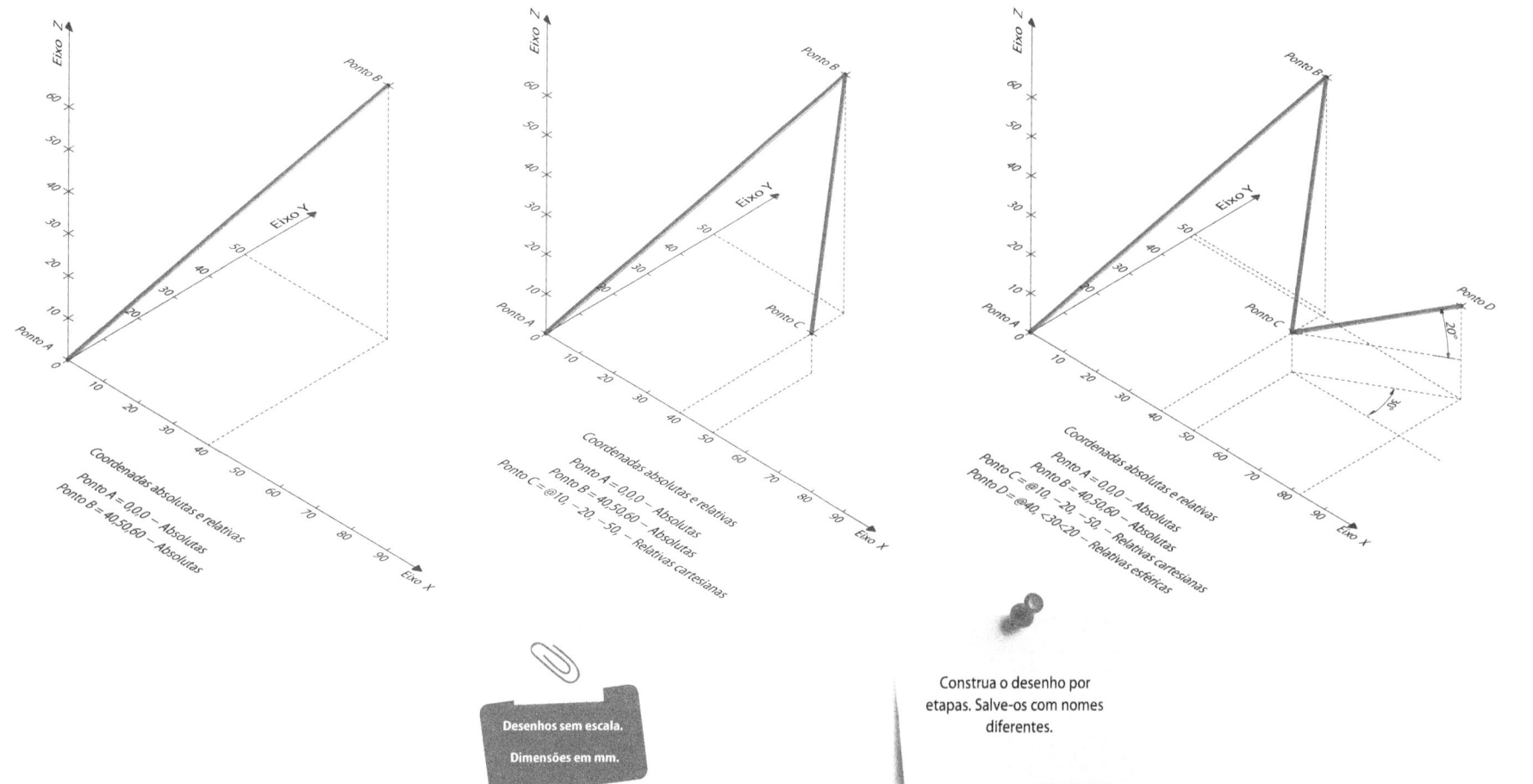

Desenhos sem escala. Dimensões em mm.

Construa o desenho por etapas. Salve-os com nomes diferentes.

»› Intermediários

Os exercícios a seguir sugerem um grau de dificuldade Intermediário. As habilidades adquiridas no grau Básico serão exploradas nos próximos exercícios.

Algumas habilidades devem ser desenvolvidas nesta etapa:

- Iniciar em programação em CAD
- Elaborar desenhos mais organizados por camadas
- Aplicar e combinar vários comandos em um só desenho
- Aprimorar o acabamento dos desenhos
- Desenvolver projetos com o uso do CAD
- Aperfeiçoar o desenho com o uso das vistas do 1º diedro e em perspectiva isométrica
- Manipular o 3D Views

No caso desses exercícios serem aplicados em sala de aula, sugerimos disponibilizar 3 horas/aula para a sua execução. Também sugerimos avançar no detalhe da construção do desenho pelo aluno/leitor, com base em pesquisa bibliográfica específica.

Exercício 2.23 » Grau de dificuldade: INTERMEDIÁRIO — Área do conhecimento: DESENHO TÉCNICO

Objetivo: Desenhar tipos de linhas.

Principais comandos: LINETYPE (edição de arquivo).

Comentário: O AutoCAD possui uma série de estilos predefinidos de linhas, que podem ser tracejados, ponto e traço, dentre outros. Apesar desses modelos, o AutoCAD permite a criação de tipos de linha de acordo com a necessidade. As linhas já existentes estão armazenadas, geralmente, no arquivo *"acad.lin"*, dentro do diretório *".../support"*, do AutoCAD. Esse arquivo pode ser editado, ou pode ser criado um novo com a terminação *.lin*. A seguir tem-se um exemplo com o seguinte código: **A,1,-0.5,0,-0.5**, em que

A - É o padrão de inicialização, e a vírgula na frente serve para separar do próximo valor. A letra é criada automaticamente quando o estilo de linha for criado a partir do *prompt* do AutoCAD;

1 - É o tamanho do primeiro traço da linha em unidades do AutoCAD, e a vírgula separa do próximo valor;

-0.5 - Este valor negativo significa um espaço com o valor especificado em unidades do AutoCAD, e a vírgula separa do próximo valor;

0 - Este valor zero significa um ponto;

-0.5 - Este valor negativo significa outro espaço com o valor especificado em unidades do AutoCAD. Note que, a partir do último, não há necessidade de colocar a vírgula.

Tipo de linha	Código	Tipo de linha	Código
contínua (padrão)	A,1,0	ferrovia	A,3.81,[TRACK1,ltypeshp.shx,s=6.35],3.81
tracejado	A,1, -0.5, 1, -0.5	cerca	A, 1, -0.5,["x",STANDARD,S=0.3,R=0.0,X=0,Y=-0.1], -0.5
pontilhado	A,0, -3	cerca viva	A, 1, -0.5,["o",STANDARD,S=0.3,R=0.0,X=0,Y=-0.1], -0.5
duplo traço e triplo ponto	A,12, -3, 12, -3, 0, -3, 0,-3, 0, -3	cerca de madeira	A, 1, -0.5,["//",STANDARD,S=0.3,R=0.0,X=0,Y=-0.1], -0.5
traço e ponto	A,1, -0.5, 0, -0.5	tubulação de gás	A, 1, -0.5,["GAS",STANDARD,S=0.3,R=0.0,X=0,Y=-0.1], -0.5

Exercício 2.24 » **Grau de dificuldade: INTERMEDIÁRIO**   **Área do conhecimento: DESENHO TÉCNICO**

Objetivo: Desenhar textos.

Principais comandos: TEXT.

Comentário: A escrita ou grafia consiste na utilização de sinais (símbolos) para exprimir ideias. Uma das principais consequências do surgimento das cidades e dos Estados foi a escrita, criada por volta de 3500 a.C. Vários são os fatores que explicam o nascimento da escrita:

- a necessidade de contabilizar os produtos comercializados, os impostos arrecadados e os funcionários do Estado;

- o levantamento da estrutura das obras, que exigira a criação de um sistema de sinais numéricos para a realização dos cálculos geométricos.

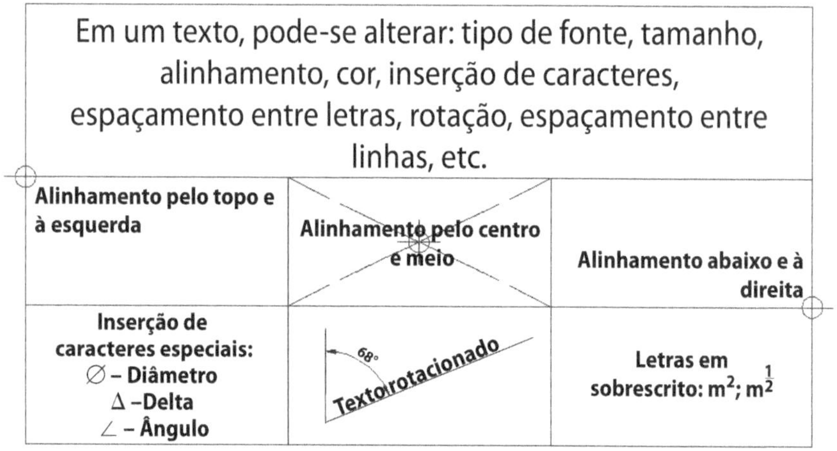

Em um texto, pode-se alterar: tipo de fonte, tamanho, alinhamento, cor, inserção de caracteres, espaçamento entre letras, rotação, espaçamento entre linhas, etc.

Alinhamento pelo topo e à esquerda	Alinhamento pelo centro e meio	Alinhamento abaixo e à direita
Inserção de caracteres especiais: $\varnothing$ – Diâmetro Δ – Delta $\angle$ – Ângulo	Texto rotacionado 68°	Letras em sobrescrito: m^2; $m^{\frac{1}{2}}$

Utilize o menu EXPRESS-TEXT (deve estar instalado) para construir textos em arco.

Escrever alinhado a um arco

TEXTO EM 3D = EXPLODE + REGION + UNION + EXTRUDE

CEFET-MG
AUTOCAD

Exercício 2.25 » Grau de dificuldade: INTERMEDIÁRIO Área do conhecimento: SOLOS

Objetivo: Desenhar um papel mono-log.

Principais comandos: OFFSET e ARRAY-RETANGULAR.

Comentário: Em uma escala linear (papel milimetrado), a distância entre os traços consecutivos representa sempre um mesmo intervalo. Em uma escala logarítmica, em que as distâncias entre os traços não são lineares, isto não acontece, ou seja, o passo é variável. A escala logarítmica é constituída de DÉCADAS, em que uma década é uma escala contida em um comprimento L, iniciando pelo número 10^N e terminando no número 10^{N+1}. As distâncias entre as subdivisões de uma DÉCADA, ou seja, os decimais do comprimento L podem ser obtidos pelo logaritmo de base 10 desta décima parte do comprimento L. Em síntese, a tabela a seguir tem o valor do comprimento em cm de cada décimo de L, para L = 10 cm.

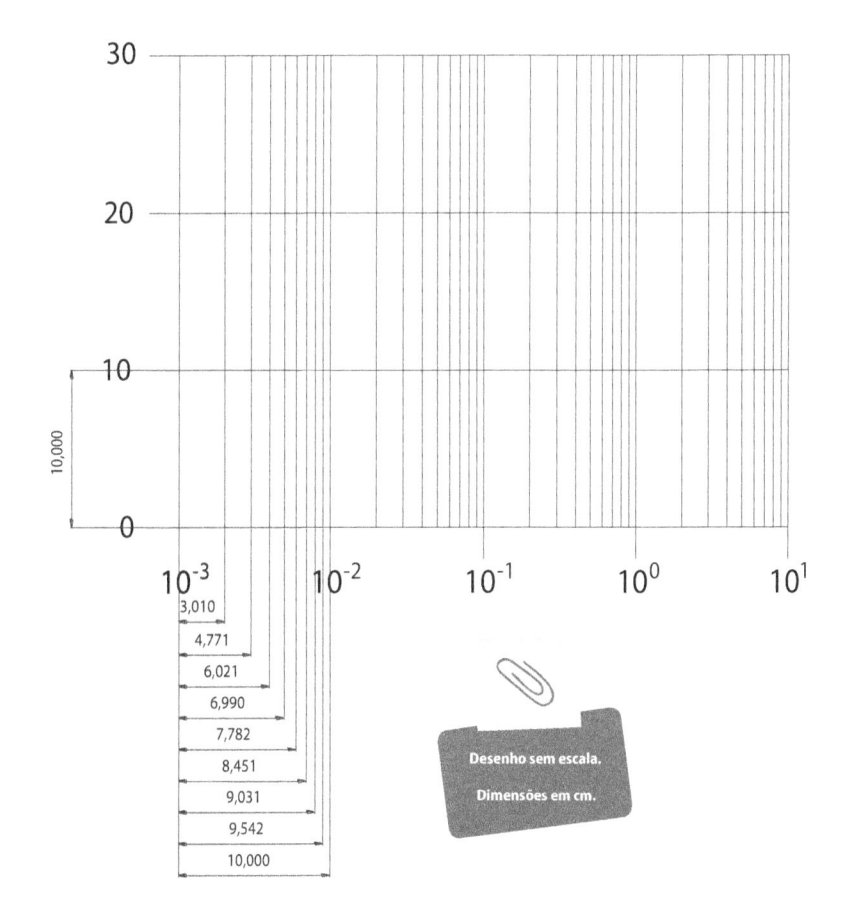

Valor na escala LOG	Subdivisões na escala	LOG base 10	Valor em cm para L = 10 cm
1L/10	1 décimo de L	0,000	0,000 cm
2L/10	2 décimos de L	0,301	3,010 cm
3L/10	3 décimos de L	0,477	4,771 cm
4L/10	4 décimos de L	0,602	6,021 cm
5L/10	5 décimos de L	0,699	6,990 cm
6L/10	6 décimos de L	0,778	7,782 cm
7L/10	7 décimos de L	0,845	8,451 cm
8L/10	8 décimos de L	0,903	9,031 cm
9L/10	9 décimos de L	0,954	9,542 cm
10L/10	10 décimos de L	1,000	10,000 cm

Construa uma quadrícula de 10 x 10. Considere que o eixo x seja o de LOG10, ou seja, subdivida-o conforme a tabela acima. Aplique o ARRAY para construção do tamanho do gráfico pretendido.

Desenho sem escala. Dimensões em cm.

Exercício 2.26 » **Grau de dificuldade: INTERMEDIÁRIO**

Área do conhecimento: SOLOS

Objetivo: Desenhar uma curva granulométrica.

Principais comandos: BLOCK, INSERT BLOCK, CONSTRUCTION LINE e SPLINE.

Comentário: Uma análise granulométrica do solo é o processo que visa definir, para determinadas faixas preestabelecidas de tamanho de grãos, a porcentagem em peso que cada fração possui em relação à massa total da amostra em análise. A análise granulométrica pode ser realizada: 1 – por peneiramento, quando temos solos granulares como as areias e os pedregulhos; 2 – por sedimentação, no caso de solos argilosos e siltosos; 3 – pela combinação de ambos os processos; 4 – por difração de *laser*.

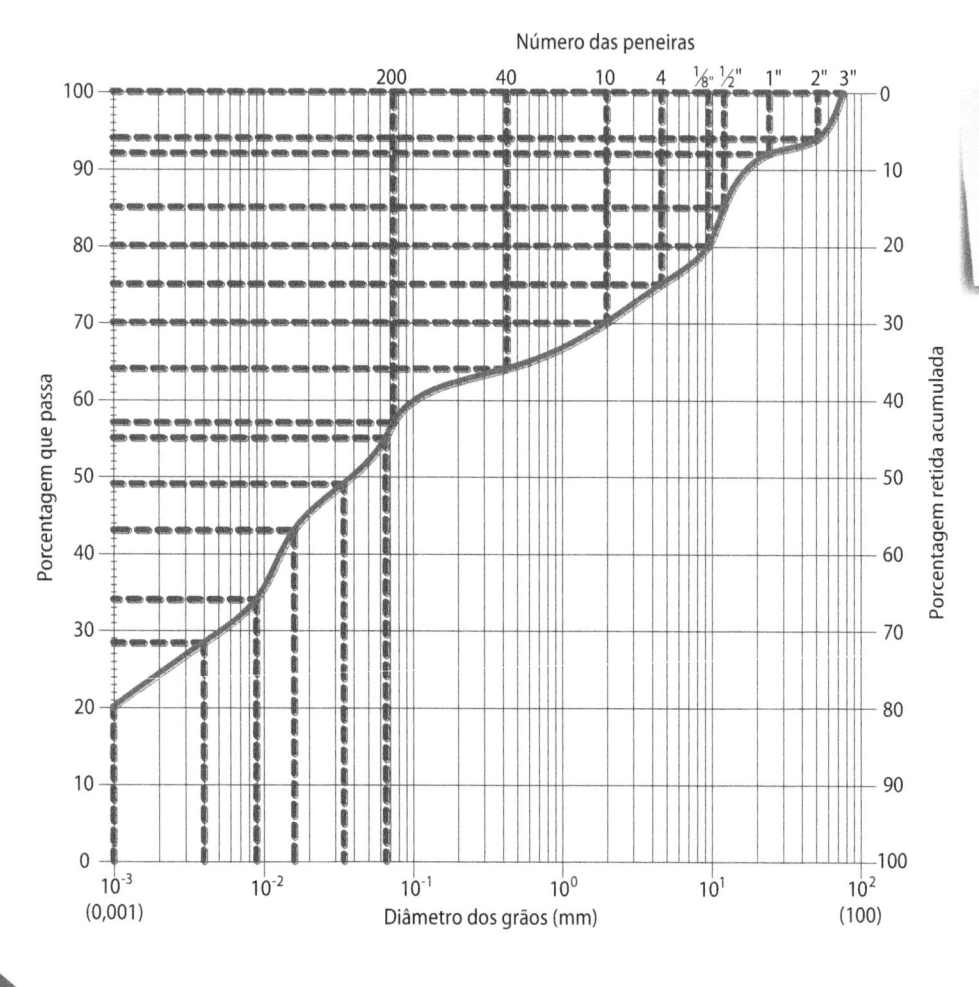

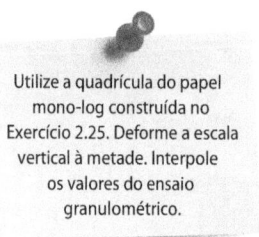

Utilize a quadrícula do papel mono-log construída no Exercício 2.25. Deforme a escala vertical à metade. Interpole os valores do ensaio granulométrico.

Desenho sem escala.

Num. peneira	Diâmetro (mm)	Em massa		Ensaio
		% passa	% retida	
3"	76,200	100,00	0,00	Peneiramento
2"	50,800	94,19	5,81	
1"	25,400	92,40	7,60	
1/2"	12,700	85,30	14,70	
3/8"	9,500	80,00	20,00	
Num 4	4,800	75,25	24,75	
Num 10	2,000	70,20	29,80	
Num 40	0,420	64,40	35,60	
Num 200	0,074	57,05	42,95	
Fundo	< 0,074	Ensaio de sedimentação		Sedimentação
	0,066	55,21	36,78	
	0,034	49,04	45,66	
	0,017	43,04	52,31	
	0,009	34,03	62,29	
	0,004	28,63	68,28	
	0,001	20,02	77,82	

Exercício 2.27 >> **Grau de dificuldade: INTERMEDIÁRIO**

Área do conhecimento: DESENHO TÉCNICO

Objetivo: Desenhar as vistas do 1º diedro.

Principais comandos: VIEW (3D VIEWS), POLAR, DIM e TRIM.

Comentário: Uma peça que observamos ou mesmo imaginamos pode ser desenhada em um plano. A essa representação gráfica se dá o nome de "Projeção". O plano é denominado "plano de projeção", e a representação da peça recebe, nele, o nome da projeção. Podem-se ter várias "vistas" da peça. Um desenho técnico deve conter vistas que demonstrem todos os detalhes necessários para a execução do projeto. As vistas adotadas no Brasil são em projeção de 1º diedro, que contém três vistas: vista frontal, superior e lateral.

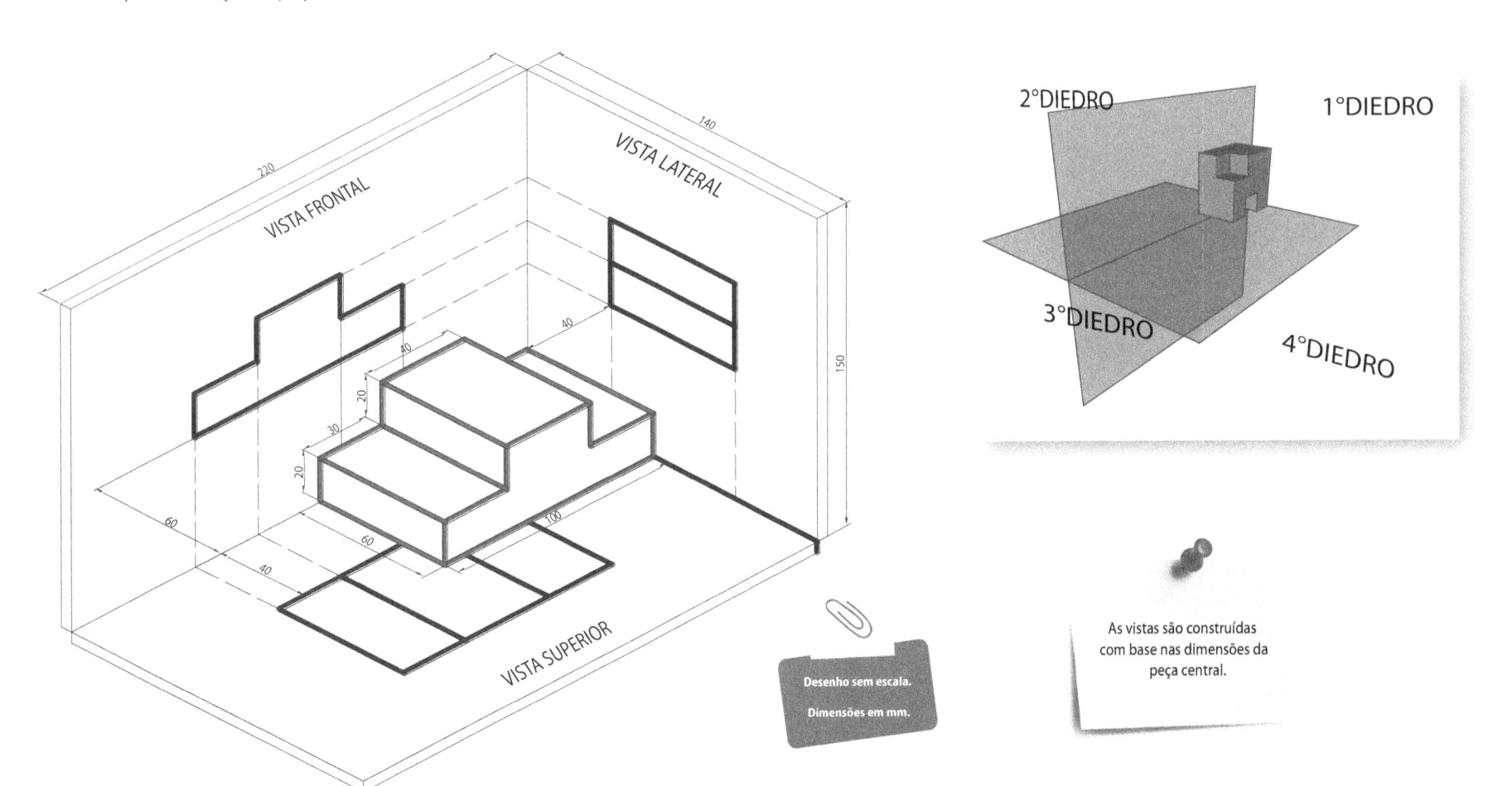

Desenho sem escala. Dimensões em mm.

As vistas são construídas com base nas dimensões da peça central.

Exercício 2.28 » **Grau de dificuldade: INTERMEDIÁRIO**   Área do conhecimento: **DESENHO TÉCNICO**

Objetivo: Desenhar as vistas nos planos de projeção.

Principais comandos: ORTO e DIM.

Comentário: Um desenho projetivo é o desenho resultante de projeções do objeto em um ou mais planos de projeção e corresponde às vistas ortográficas. Como os raios projetantes são paralelos e perpendiculares em relação ao plano de projeção, a projeção resultante representa a forma e a verdadeira grandeza do objeto. Para que o desenho resultante se transforme em uma linguagem gráfica, os planos de projeção horizontal e lateral têm os sentidos de rebatimento convencionados, e sempre se rebatem sobre o plano vertical da seguinte forma:

- o lado da peça que for projetado no plano vertical sempre será considerado como a frente da peça (vista frontal);
- o lado superior da peça sempre será representado abaixo da vista de frente (vista superior);
- o lado esquerdo da peça aparecerá desenhado à direita da vista de frente (vista lateral).

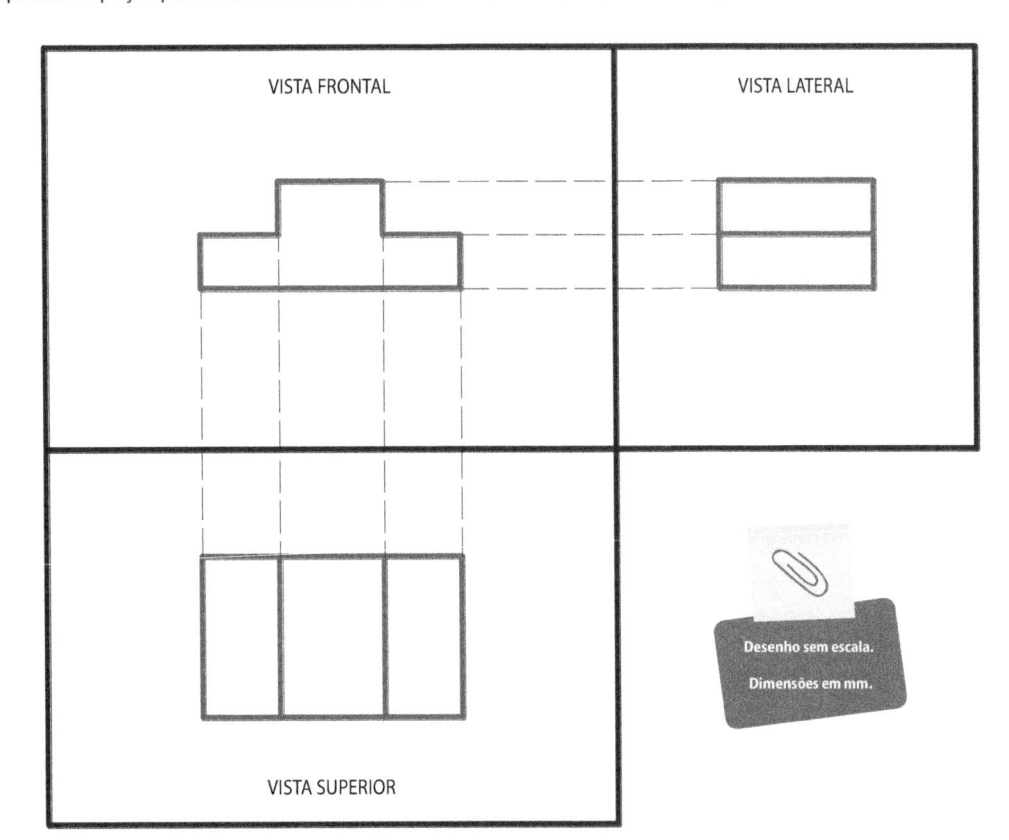

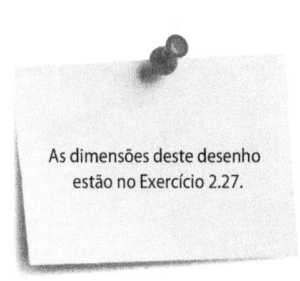

Desenho sem escala.
Dimensões em mm.

As dimensões deste desenho estão no Exercício 2.27.

Exercício 2.29 » **Grau de dificuldade: INTERMEDIÁRIO**   **Área do conhecimento: TOPOGRAFIA**

Objetivo: Desenhar um perfil topográfico.

Principais comandos: LINE, SPLINE, SCALE, BROCK, HATCH e OFFSET.

Comentário: Na prática de campo do nivelamento geométrico, medem-se as distâncias e cotas de pontos de interesse do terreno, gerando a caderneta de nivelamento. O produto desse levantamento topográfico é o perfil. Geralmente, para destacar as irregularidades do relevo do terreno, a escala vertical é deformada 2x, 5x ou 10x em relação à escala horizontal.

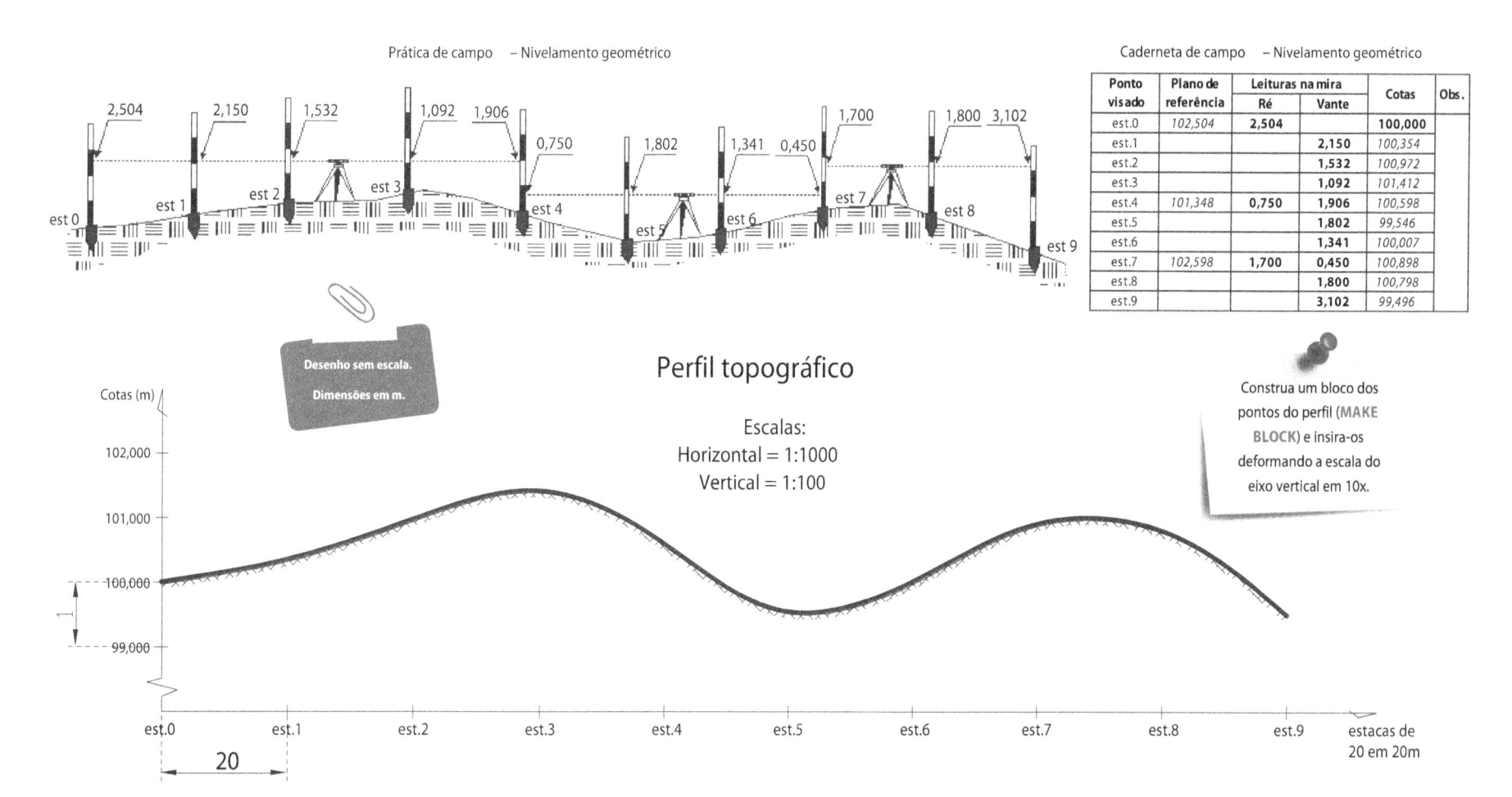

Prática de campo – Nivelamento geométrico

Caderneta de campo – Nivelamento geométrico

Ponto visado	Plano de referência	Leituras na mira		Cotas	Obs.
		Ré	Vante		
est.0	102,504	2,504		100,000	
est.1			2,150	100,354	
est.2			1,532	100,972	
est.3			1,092	101,412	
est.4	101,348	0,750	1,906	100,598	
est.5			1,802	99,546	
est.6			1,341	100,007	
est.7	102,598	1,700	0,450	100,898	
est.8			1,800	100,798	
est.9			3,102	99,496	

Perfil topográfico

Escalas:
Horizontal = 1:1000
Vertical = 1:100

Desenho sem escala. Dimensões em m.

Construa um bloco dos pontos do perfil (**MAKE BLOCK**) e insira-os deformando a escala do eixo vertical em 10x.

estacas de 20 em 20m

Exercício 2.30 » Grau de dificuldade: INTERMEDIÁRIO — Área do conhecimento: PROGRAMAÇÃO

Objetivo: Desenhar a partir de um arquivo *SCRIPT*.

Principais comandos utilizados: SCRIPT.

Comentário: Um arquivo *SCRIPT* é uma sequência de comandos em formato *ASCII*, que pode ser lido pelo AutoCAD. Esse arquivo deve ser editado para poder ser executado pelo *CAD*. Considere, por exemplo, desenhar os pontos de coordenadas X, Y e Cota, de um arquivo de planilha eletrônica Excel, no AutoCAD.

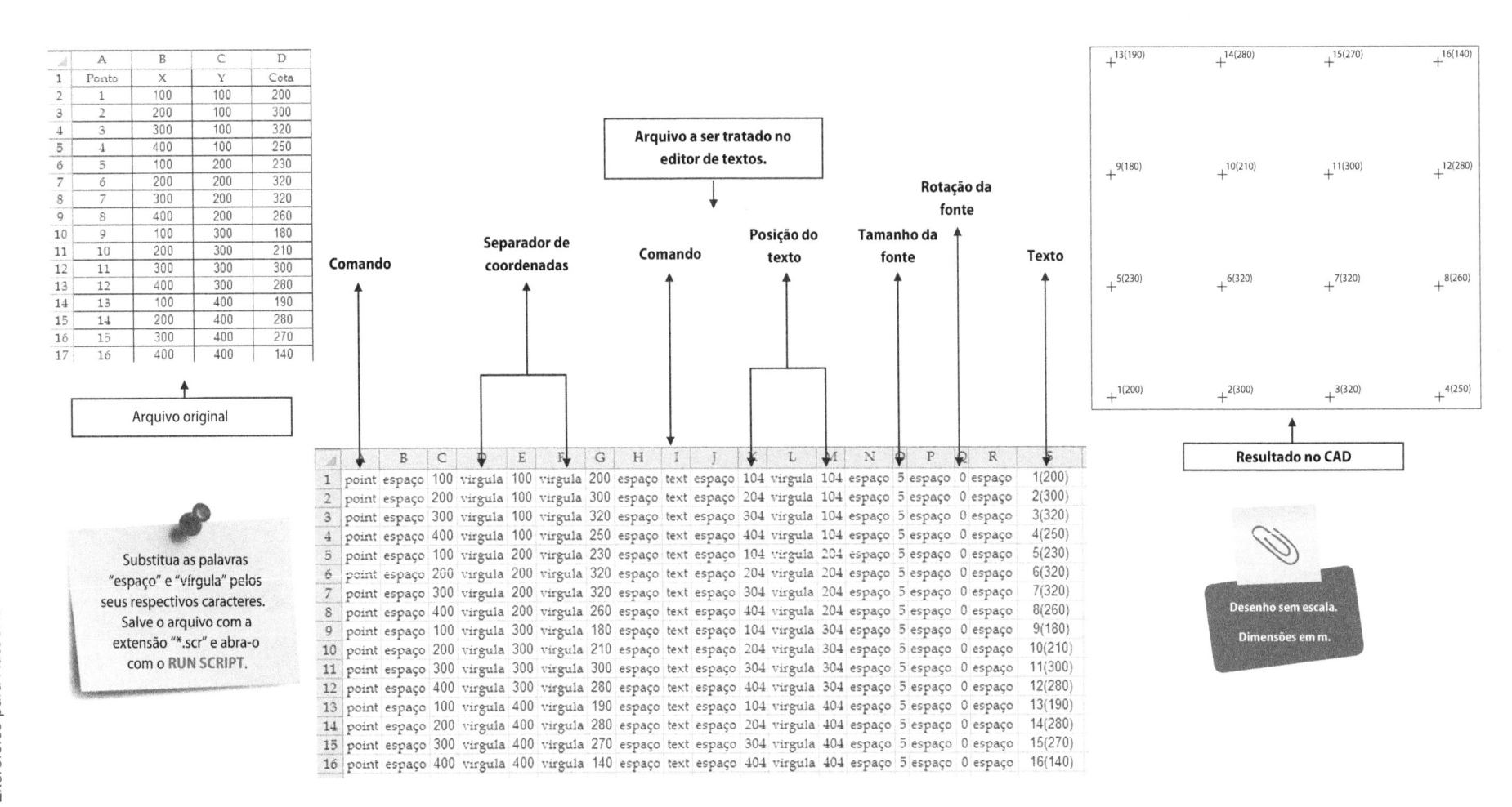

Arquivo original

	A	B	C	D
1	Ponto	X	Y	Cota
2	1	100	100	200
3	2	200	100	300
4	3	300	100	320
5	4	400	100	250
6	5	100	200	230
7	6	200	200	320
8	7	300	200	320
9	8	400	200	260
10	9	100	300	180
11	10	200	300	210
12	11	300	300	300
13	12	400	300	280
14	13	100	400	190
15	14	200	400	280
16	15	300	400	270
17	16	400	400	140

Substitua as palavras "espaço" e "vírgula" pelos seus respectivos caracteres. Salve o arquivo com a extensão ".scr" e abra-o com o RUN SCRIPT.*

Arquivo a ser tratado no editor de textos

Legendas das colunas: Comando | Separador de coordenadas | Comando | Posição do texto | Tamanho da fonte | Rotação da fonte | Texto

	B	C	D	E	F	G	H	I	J	K	L	M	N	O	P	Q	R	S
1	point	espaço	100	vírgula	100	vírgula	200	espaço	text	espaço	104	vírgula	104	espaço	5	espaço	0	espaço	1(200)
2	point	espaço	200	vírgula	100	vírgula	300	espaço	text	espaço	204	vírgula	104	espaço	5	espaço	0	espaço	2(300)
3	point	espaço	300	vírgula	100	vírgula	320	espaço	text	espaço	304	vírgula	104	espaço	5	espaço	0	espaço	3(320)
4	point	espaço	400	vírgula	100	vírgula	250	espaço	text	espaço	404	vírgula	104	espaço	5	espaço	0	espaço	4(250)
5	point	espaço	100	vírgula	200	vírgula	230	espaço	text	espaço	104	vírgula	204	espaço	5	espaço	0	espaço	5(230)
6	point	espaço	200	vírgula	200	vírgula	320	espaço	text	espaço	204	vírgula	204	espaço	5	espaço	0	espaço	6(320)
7	point	espaço	300	vírgula	200	vírgula	320	espaço	text	espaço	304	vírgula	204	espaço	5	espaço	0	espaço	7(320)
8	point	espaço	400	vírgula	200	vírgula	260	espaço	text	espaço	404	vírgula	204	espaço	5	espaço	0	espaço	8(260)
9	point	espaço	100	vírgula	300	vírgula	180	espaço	text	espaço	104	vírgula	304	espaço	5	espaço	0	espaço	9(180)
10	point	espaço	200	vírgula	300	vírgula	210	espaço	text	espaço	204	vírgula	304	espaço	5	espaço	0	espaço	10(210)
11	point	espaço	300	vírgula	300	vírgula	300	espaço	text	espaço	304	vírgula	304	espaço	5	espaço	0	espaço	11(300)
12	point	espaço	400	vírgula	300	vírgula	280	espaço	text	espaço	404	vírgula	304	espaço	5	espaço	0	espaço	12(280)
13	point	espaço	100	vírgula	400	vírgula	190	espaço	text	espaço	104	vírgula	404	espaço	5	espaço	0	espaço	13(190)
14	point	espaço	200	vírgula	400	vírgula	280	espaço	text	espaço	204	vírgula	404	espaço	5	espaço	0	espaço	14(280)
15	point	espaço	300	vírgula	400	vírgula	270	espaço	text	espaço	304	vírgula	404	espaço	5	espaço	0	espaço	15(270)
16	point	espaço	400	vírgula	400	vírgula	140	espaço	text	espaço	404	vírgula	404	espaço	5	espaço	0	espaço	16(140)

Resultado no CAD

Pontos plotados:
- 13(190)   14(280)   15(270)   16(140)
- 9(180)   10(210)   11(300)   12(280)
- 5(230)   6(320)   7(320)   8(260)
- 1(200)   2(300)   3(320)   4(250)

Desenho sem escala. Dimensões em m.

Exercício 2.31 >> Grau de dificuldade: INTERMEDIÁRIO — Área do conhecimento: ESTRADAS

Objetivo: Desenhar uma curva de concordância vertical.

Principais comandos: SCRIPT e SCALE.

Comentário: Uma curva vertical é a concordância de trechos retilíneos a partir de greide preestabelecido. Seu cálculo considera a transposição segura nos pontos de mudança de inclinação, proporcionando conforto de operação, aparência agradável de projeto e drenagem adequada. No formulário, geralmente adota-se a parábola de 2º grau, podendo ser convexa ou côncava.

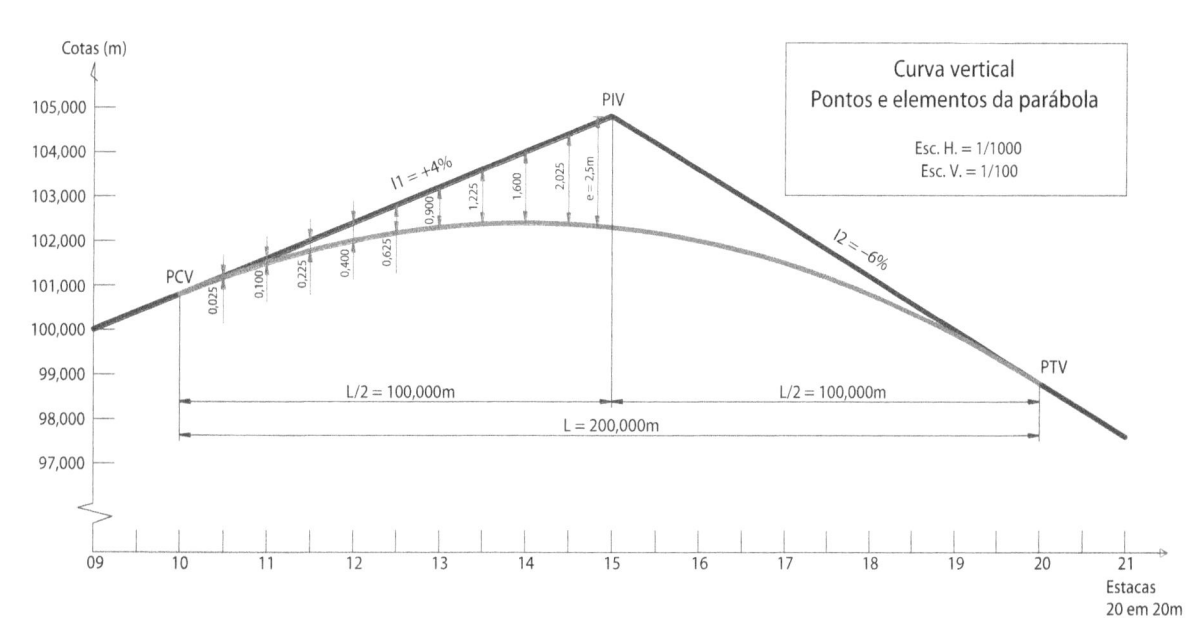

Curva vertical
Pontos e elementos da parábola

Esc. H. = 1/1000
Esc. V. = 1/100

Dados			
i1 (%)	i2 (%)	k - Classe III, ond.	est. PIV
4	-6		15

Cálculos			
j (%)	L(adotado) (m)	L(mínimo) (m)	R (m)
10	200,000	180,000	2000,000
e (m)	Z	est. PCV	est. PTV
2,500	0,00025	10	20

Desenho sem escala. Dimensões em m.

Construa o **SCRIPT** com os dados da caderneta (distâncias e cotas). Crie um bloco e deforme-o em 10x em relação à vertical.

Estacas		Distâncias (m)	Cotas (m)			Obs.:
Inteira	Intermediária		Greide reto	ordenada parábola	Greide curvo	
9		180,000	100,000			
9	10,000	190,000	100,400			
10		200,000	100,800	0,000	100,800	PCV
10	10,000	210,000	101,200	0,025	101,175	
11		220,000	101,600	0,100	101,500	
11	10,000	230,000	102,000	0,225	101,775	
12		240,000	102,400	0,400	102,000	
12	10,000	250,000	102,800	0,625	102,175	
13		260,000	103,200	0,900	102,300	
13	10,000	270,000	103,600	1,225	102,375	
14		280,000	104,000	1,600	102,400	
14	10,000	290,000	104,400	2,025	102,375	
15		300,000	104,800	2,500	102,300	PIV
15	10,000	310,000	104,200	2,025	102,175	
16		320,000	103,600	1,600	102,000	
16	10,000	330,000	103,000	1,225	101,775	
17		340,000	102,400	0,900	101,500	
17	10,000	350,000	101,800	0,625	101,175	
18		360,000	101,200	0,400	100,800	
18	10,000	370,000	100,600	0,225	100,375	
19		380,000	100,000	0,100	99,900	
19	10,000	390,000	99,400	0,025	99,375	
20		400,000	98,800	0,000	98,800	PTV
20	10,000	410,000	98,200			
21		420,000	97,600			

Exercício 2.32 » **Grau de dificuldade: INTERMEDIÁRIO** Área do conhecimento: TOPOGRAFIA

Objetivo: Desenhar contornos de edificações a partir de uma imagem do terreno.

Principais comandos: SCALE, LINE, OFFSET e LAYER.

Comentário: Uma imagem da superfície da Terra pode ser obtida por fotografia aérea ou por imagem de satélite. Esses produtos são estudados pela área do sensoriamento remoto. A fotografia aérea é obtida por meio de câmera instalada em plataforma aerotransportada com uma vista vertical controlada. A imagem de satélite é um arquivo de imagem obtido a partir de um satélite artificial. Dependendo do processo de obtenção, diferentes escalas podem ser definidas em função de sua resolução espacial.

Aplique o **SCALE** de forma a deixar a imagem nas dimensões das unidades do desenho.
Ache esta imagem em:
φ = 19° 55' 48" S
λ = 43° 58' 39" O

Desenho de acordo com a escala gráfica.

Exercício 2.33 » Grau de dificuldade: INTERMEDIÁRIO

Área do conhecimento: ESTRADAS

Objetivo: Desenhar uma interseção viária em desnível com interconexões.

Principais comandos: LINE, CIRCLE, MIRROR, OFFSET, TRIM, HATCH, FILLET e LAYER.

Comentário: Um trevo completo tem rampas direcionais para os movimentos de conversão à direita e laços para os movimentos à esquerda. Podem ocorrer volumes de tráfego elevados entre os laços.

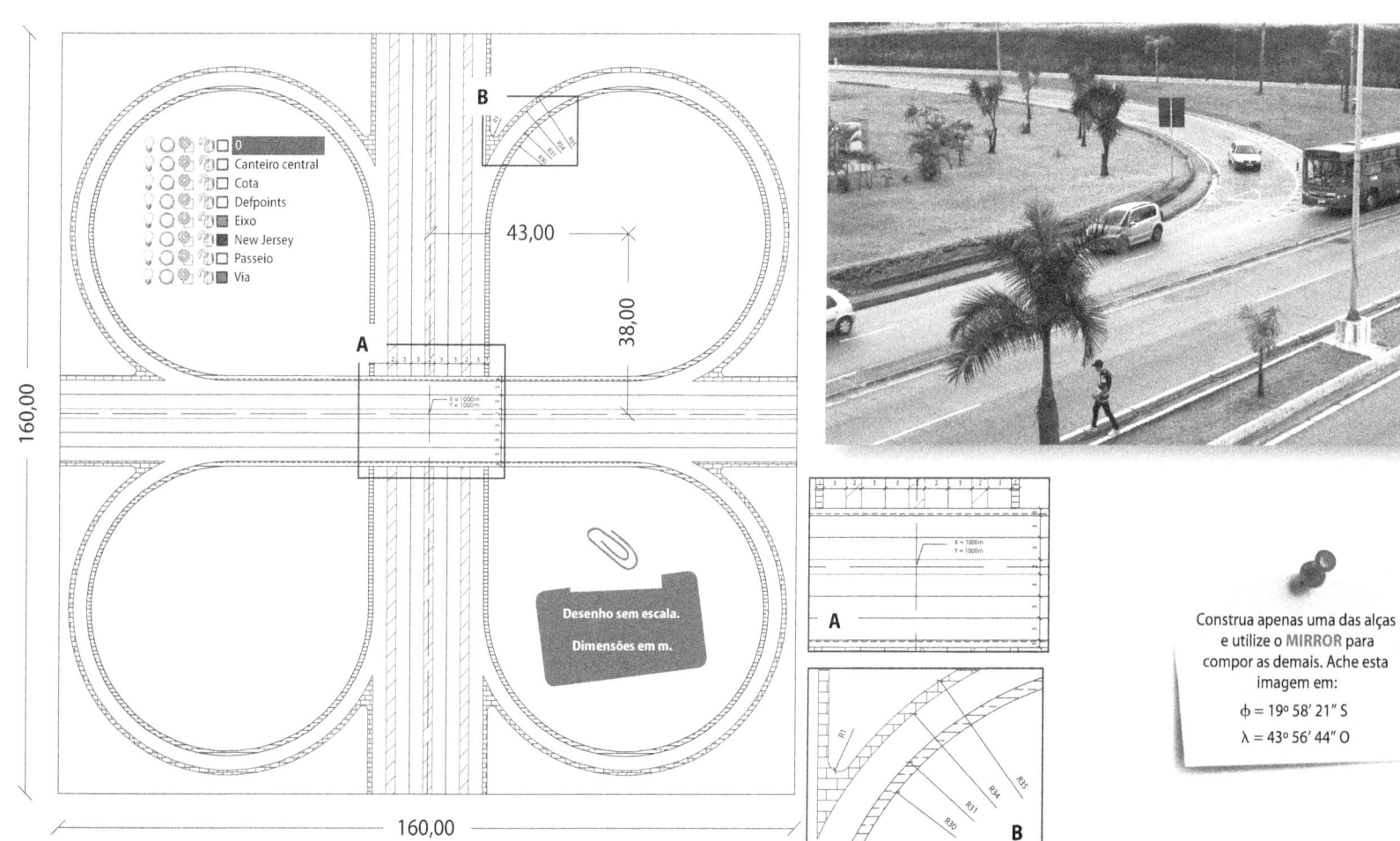

Desenho sem escala.
Dimensões em m.

Construa apenas uma das alças e utilize o MIRROR para compor as demais. Ache esta imagem em:

φ = 19° 58' 21" S
λ = 43° 56' 44" O

Exercício 2.34 » **Grau de dificuldade: INTERMEDIÁRIO** **Área do conhecimento: ESTRADAS**

Objetivo: Desenhar "ilhas" nas interseções viárias I.

Principais comandos: ARC, OFFSET, LAYER e CLOUD.

Comentário: Ilhas são áreas bem definidas, situadas entre faixas de tráfego para controlar o movimento dos veículos e/ou servir de refúgio para pedestres. A introdução de ilhas nas interseções visa principalmente minimizar os conflitos, melhorar a fluidez e aumentar a segurança do tráfego. São agrupadas em três classes funcionais: canalizadoras, divisórias e de refúgio.

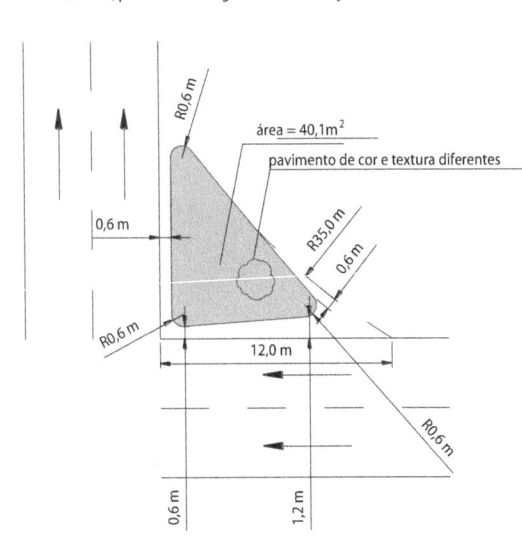

Ilha divisória

São usualmente alongadas e localizadas ao longo da via, separando fluxos de mesmo sentido ou de sentidos opostos. Através de seu alargamento gradual, alertam os motoristas sobre a existência de interseção à frente e orientam quanto à faixa correta a ser seguida.

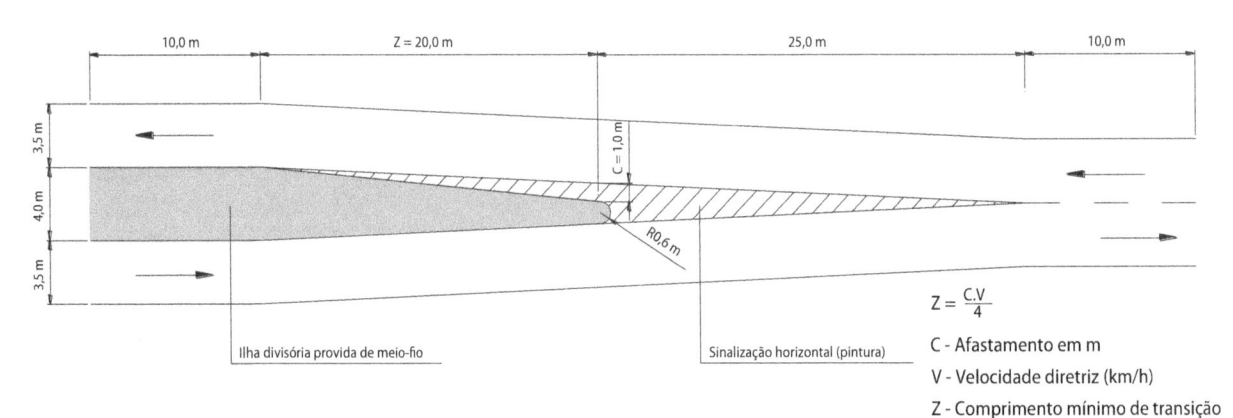

Desenhos sem escala.
Dimensões em m.

Ilha canalizadora

São projetadas de modo a tornar evidente aos motoristas as trajetórias a seguir, cobrindo áreas inúteis que, se acessíveis aos veículos, poderiam dar origem a uma circulação desordenada.

área = 40,1 m²
pavimento de cor e textura diferentes

$$Z = \frac{C \cdot V}{4}$$

C - Afastamento em m
V - Velocidade diretriz (km/h)
Z - Comprimento mínimo de transição

Aplique o FILLET para concordar os segmentos.

Exercício 2.35 » **Grau de dificuldade: INTERMEDIÁRIO**   **Área do conhecimento: ESTRADAS**

Objetivo: Desenhar "ilhas" nas interseções viárias II.

Principais comandos: ARC, OFFSET, LAYER e CLOUD.

Comentário: O canteiro central e as ilhas de tráfego desencorajam ou proíbem manobras indesejáveis ou erradas e fornecem refúgio seguro para pedestres e usuários de veículos não motorizados.

Ilha de refúgio

Essas ilhas se caracterizam por proteger pedestres e ciclistas na travessia de ruas e rodovias e são mais frequentes em áreas urbanas.
Devem ser de preferência elevadas e delineadas por meios-fios intransponíveis, a fim de oferecer maior proteção aos pedestres.
Devem ter um vão rebaixado, no mesmo nível da pista, para facilitar a travessia, especialmente dos deficientes físicos.

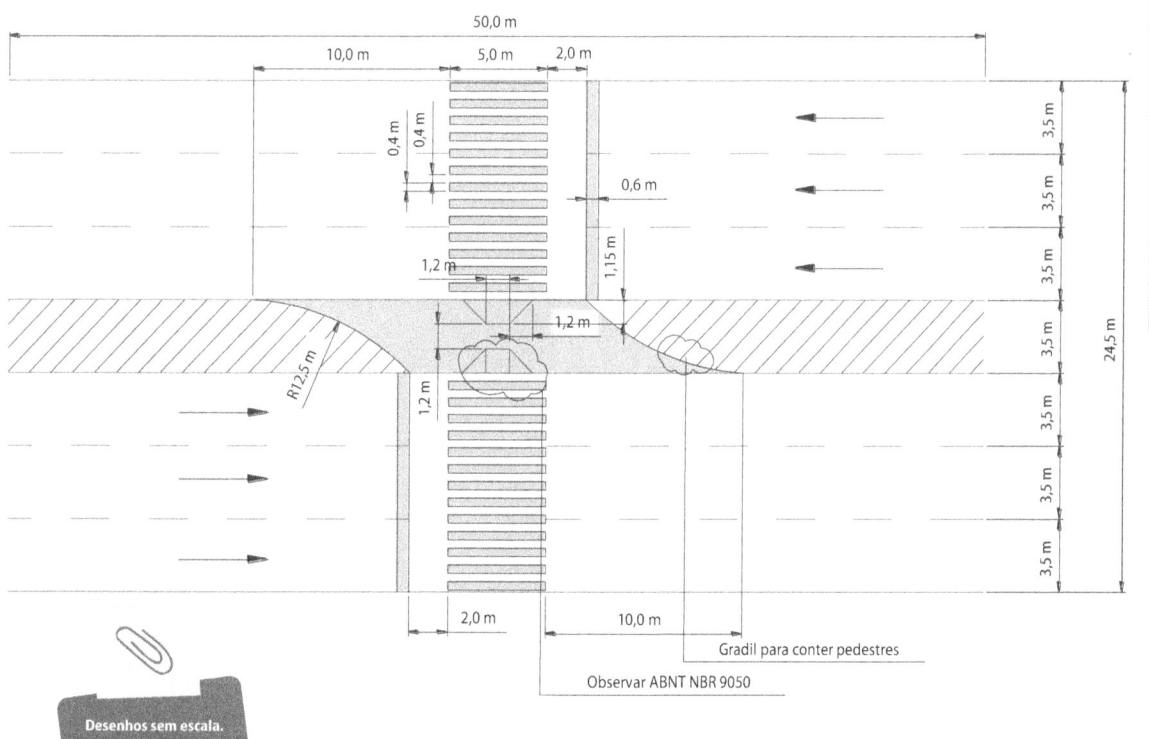

Desenhos sem escala.
Dimensões em m.

Gradil para conter pedestres
Observar ABNT NBR 9050

Aplique o CLOUD para inserir comentários no desenho. Ache esta imagem em:

φ = 19° 55′ 09″ S
λ = 43° 56′ 19″ O

Exercício 2.36 » Grau de dificuldade: INTERMEDIÁRIO — Área do conhecimento: TRANSPORTES

Objetivo: Desenhar um AMV.

Principais comandos: OFFSET, ARC, DIM e TRIM.

Comentário: Um AMV (Aparelho de Mudança de Via) é um equipamento instalado nas ferrovias que permite ao comboio mudar de uma via férrea para outra.

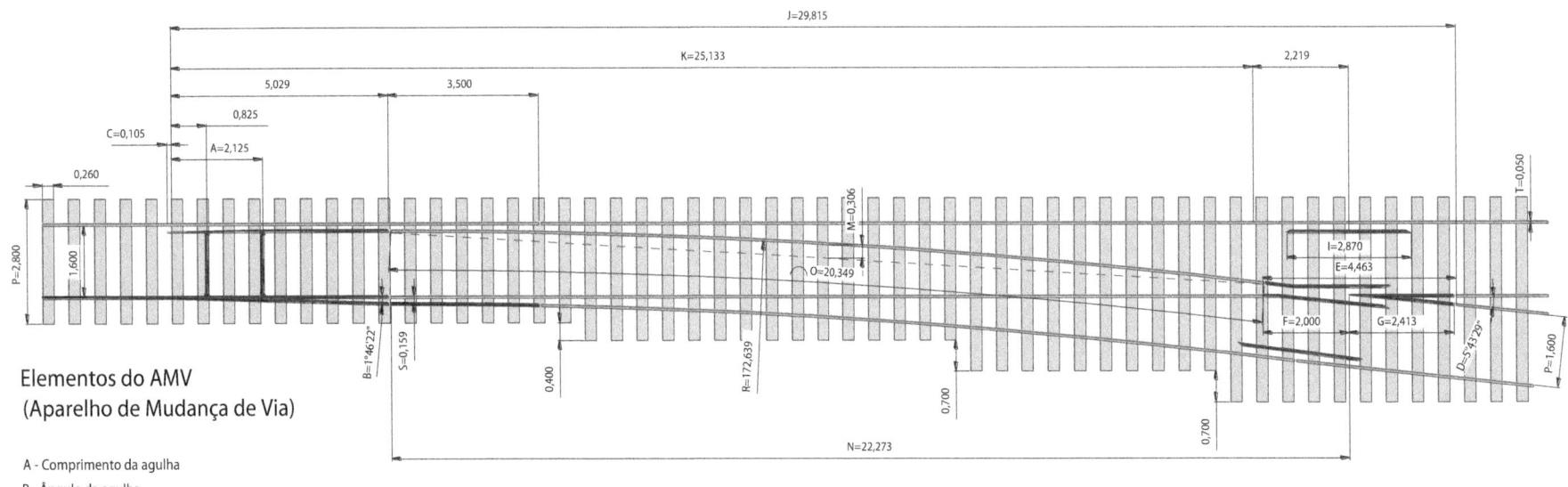

Elementos do AMV
(Aparelho de Mudança de Via)

- A - Comprimento da agulha
- B - Ângulo da agulha
- C - Distância do vértice teórico à ponta da agulha
- D - Ângulo do jacaré
- E - Comprimento do jacaré
- F - Comprimento da ponta de 1/2 para frente
- G - Comprimento da ponta de 1/2 para trás
- I - Comprimento do contratrilho
- J - Comprimento total do AMV
- M - Flecha
- N - Trilho reto de ligação
- O - Trilho curvo de ligação
- P - Bitola
- R - Raio
- S - Largura do couce
- T - Largura do trilho

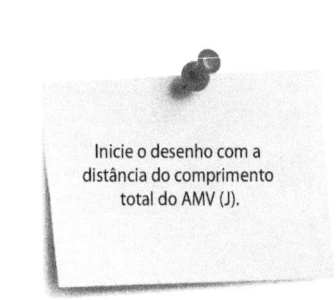

Desenho sem escala.
Dimensões em m.

Inicie o desenho com a distância do comprimento total do AMV (J).

Exercício 2.37 » Grau de dificuldade: INTERMEDIÁRIO — Área do conhecimento: HIDRÁULICA

Objetivo: Desenhar uma boca de lobo.

Principais comandos: Polar Tracking (30°), HATCH, GRADIENT e DIM (oblique).

Comentário: O conjunto boca de lobo é utilizado na construção civil como dispositivo de drenagem, principalmente das águas de chuva. Esse conjunto é formado por três peças (cantoneira, quadro e grelha), que unidas dão a aparência de uma peça única, facilitando a manutenção, pois permite a troca somente da peça que estiver com defeito. As peças são projetadas em concreto armado para suportar pesos como, por exemplo, o tráfego de veículos.

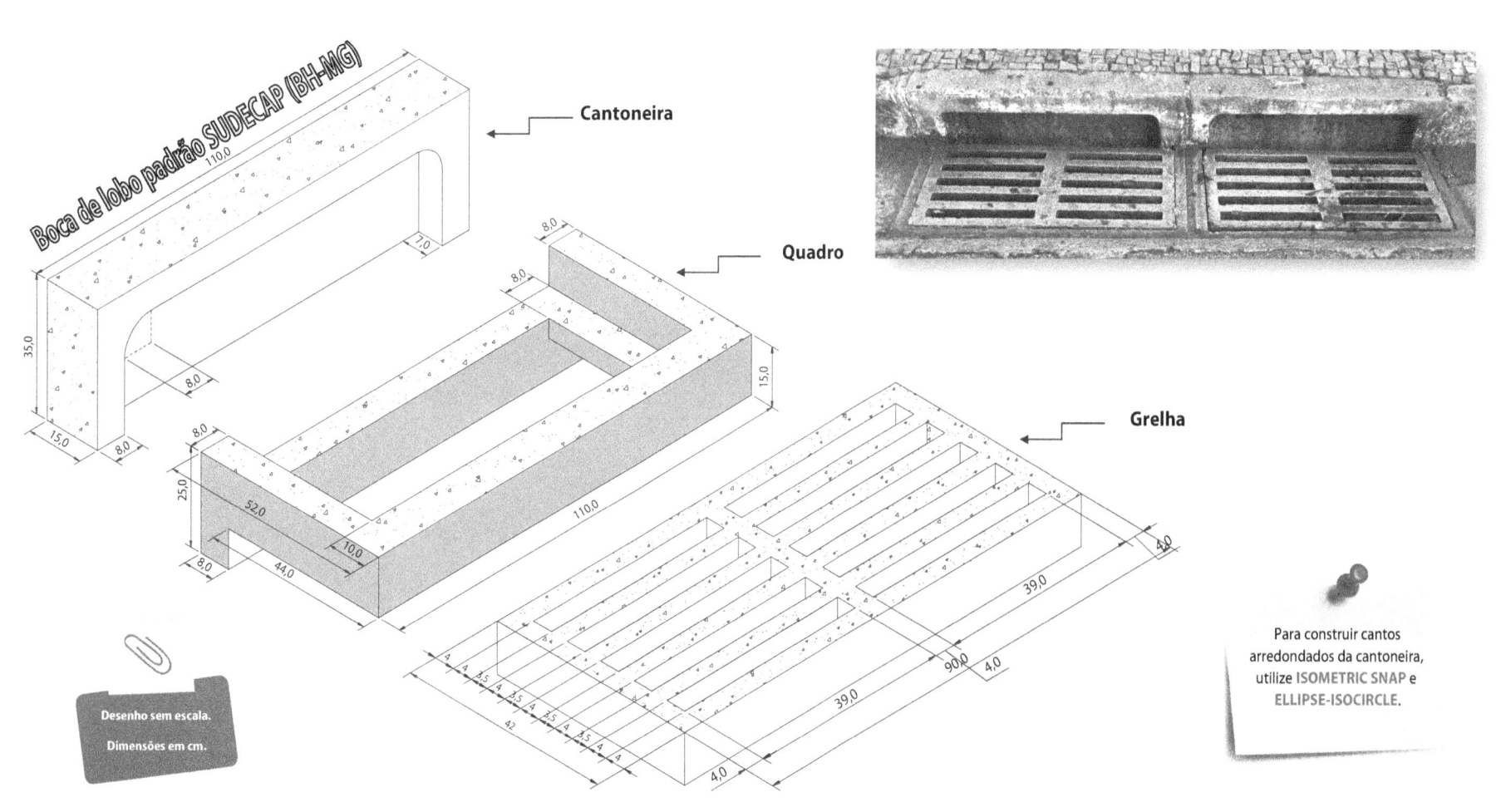

Desenho sem escala. Dimensões em cm.

Para construir cantos arredondados da cantoneira, utilize ISOMETRIC SNAP e ELLIPSE-ISOCIRCLE.

Exercício 2.38 » Grau de dificuldade: INTERMEDIÁRIO

Área do conhecimento: EDIFICAÇÕES

Objetivo: Desenhar uma planta de edificação.

Principais comandos: CONSTRUCTION LINE, ARC, BLOCK e TRIM.

Comentário: Planta é o nome dado ao desenho de uma construção, o qual procura representar os elementos da construção, como salas, espaços e outros aspectos físicos. Na planta, devem estar detalhadas, em escala, as medidas das paredes (comprimento e espessura), portas, janelas, bem como o nome de cada ambiente e seu respectivo nível.

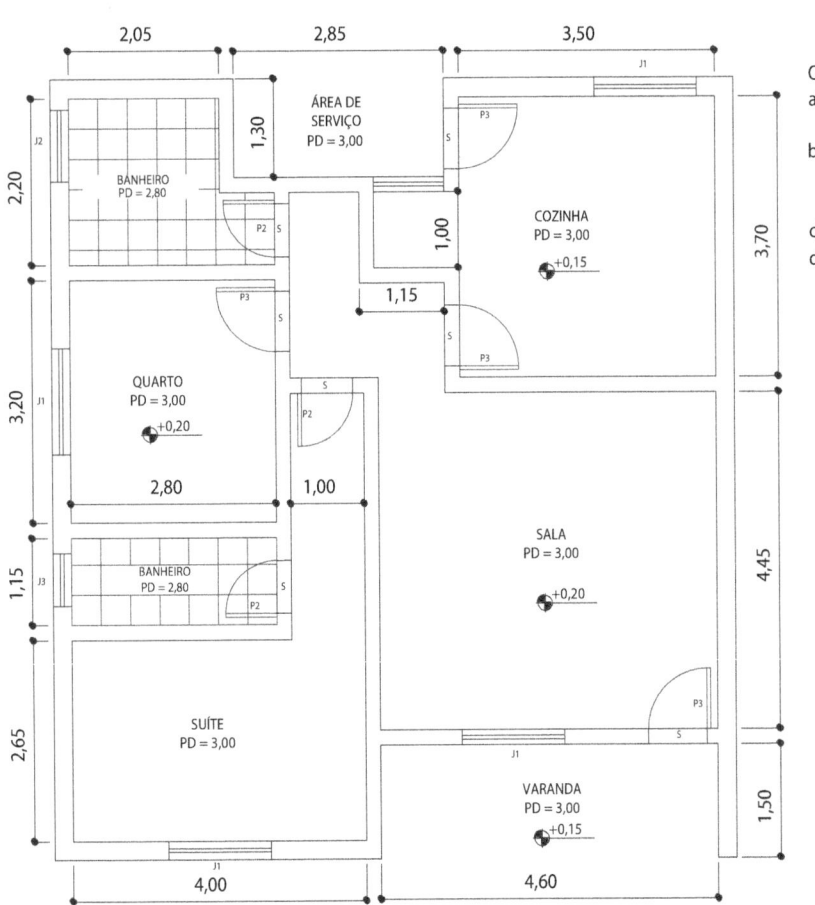

OBSERVAÇÕES:
a) Paredes externas = 0,25m;
   paredes internas = 0,20m;
b) Textos com letras tipo verdana e altura proporcional à escala;
c) Dimensões em m;
d) PD (pé direito) e S (soleira).

PORTAS
P1 = 0,60 x 2,10m
P2 = 0,70 x 2,10m
P3 = 0,80 x 2,10m
P4 = 0,90 X 2,10m

JANELAS
J1 = 1,40 X 1,20/1,20m
J2 = 1,00 x 0,60/1,60m
J3 = 0,70 x 0,60/1,60m

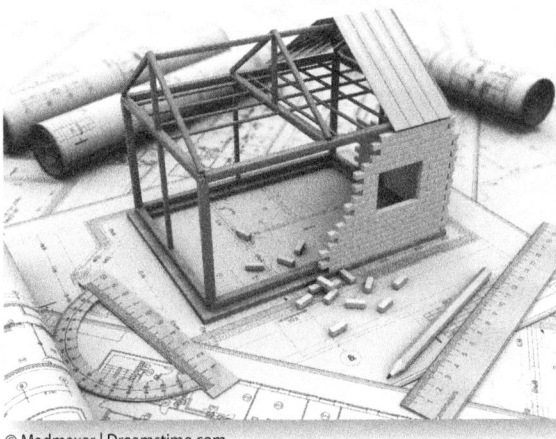

Desenho sem escala.
Dimensões em m.

As portas podem ser construídas com o **ARC**. Crie blocos e insira-as no desenho conforme sua dimensão.

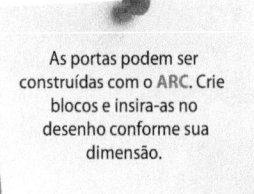

Marcelo Tuler é professor do Centro Federal de Educação Tecnológica de Minas Gerais (CEFET-MG). É Graduado em Engenharia de Agrimensura pela Universidade Federal de Viçosa (UFV), Mestre em Sistemas e Computação com ênfase em Cartografia Automatizada pelo Instituto Militar de Engenharia (IME) e Doutor em Engenharia Civil com ênfase em Geotecnia Ambiental pela UFV. Tem experiência nas áreas de Geociências e Geotecnia.

Chan Kou Wha é professor do Centro Federal de Educação Tecnológica de Minas Gerais (CEFET-MG) . É Graduado em Engenharia Civil pela Universidade Federal de Minas Gerais (UFMG) e Mestre em Engenharia Civil pela Pontifícia Universidade Católica do Rio de Janeiro (PUC -RJ). Tem experiência nas áreas de Engenharia Civil, Mecânica dos Solos, Estruturas e Engenharia de Tráfego.

Referências

ANDRADE, J. B. *NAVSTAR-GPS*. Curitiba: UFPR, 1988.

ASSOCIAÇÃO BRASILEIRA DE NORMAS TÉCNICAS. *ABNT NBR 13133:1994*. Execução de levantamento topográfico. Rio de Janeiro: ABNT, 1994. Versão corrigida: 1996.

ASSOCIAÇÃO BRASILEIRA DE NORMAS TÉCNICAS. *ABNT NBR 9050:2004*. Acessibilidade a edificações, mobiliário, espaços e equipamentos urbanos. Rio de Janeiro: ABNT, 2004.

BALDAN, R.; COSTA, L. *AutoCAD 2007*: utilizando totalmente. São Paulo: Érica, 2007.

BORGES, A. C. *Exercícios de topografia*. 3. ed. rev. São Paulo: Edgar Blucher, 1975.

BORGES, A. C. *Práticas de pequenas construções*. São Paulo: Edgard Blucher, 1975.

BRADY, N. C.; WEIL, R. R. *Elementos da natureza e propriedades dos solos*. 3. ed. Porto Alegre: Bookman, 2013

BRASIL. *Lei nº 9.503, de 23 de setembro de 1997*. Institui o Código de Trânsito Brasileiro. Brasília: Casa Civil, 1997.

BRASIL. Ministério das Cidades. Departamento Nacional de Trânsito. Conselho Nacional de Trânsito. *Manual brasileiro de sinalização de trânsito*. Brasília: CONTRAN, 2007. (Sinalização Vertical de Advertência, v. II).

BRASIL. Ministério dos Transportes. Departamento Nacional de Estradas de Rodagem. *Manual de construção de obras-de-arte especiais*. 2. ed. Rio de Janeiro: DNER, 1995.

BRASIL. Ministério dos Transportes. Departamento Nacional de Infra-Estrutura de Transportes. *Manual de projeto de interseções*. 2. ed. Rio de Janeiro: DNIT, 2005.

CARVALHO, C. A. B.; COMASTRI, J. A. *Estradas (Traçado Geométrico)*. Viçosa: UFV, 1981.

CHAPPELL, E. *AutoCAD Civil 3D 2012*: essencial. Porto Alegre: Bookman, 2012.

COMASTRI, J. A.; TULER, J. C. *Topografia*: altimetria. Viçosa: UFV, 1987.

FERREIRA, J.; SILVA, R. M. *Leitura e interpretação de desenho técnico mecânico*. São Paulo: SENAI-SP, 2009.

FIALHO, A. B. *AutoCAD 2004*: teoria e prática. São Paulo: Érica, 2004.

FITZ, P. R. *Cartografia básica*. Canoas: La Salle, 2000.

GEMAEL, C. *Geodésia celeste*: introdução. Curitiba: UFPR, 1991.

HARRINGTON, D. J. *Desvendando o AutoCAD 2005*. São Paulo: Makron Books, 2005.

MATSUMOTO, E. Y. *AutoCAD 2005*: guia prático 2D & 3D. São Paulo: Érica, 2004.

MATSUMOTO, E. Y. *AutoLISP 2002 linguagem de programação do AutoCAD*. São Paulo: Érica, 2001.

OLIVEIRA, A. *AutoCAD 2007*: modelagem 3D e renderização em alto nível. 3. ed. São Paulo: Érica, 2006.

OLIVEIRA. C. *Dicionário cartográfico*. 4. ed. Rio de Janeiro: IBGE, 1993.

ONSTOTT, S. *AutoCAD 2012 e AutoCAD LT 2012*: essencial. Porto Alegre: Bookman, 2012.

PONTES FILHO, G. *Estradas de rodagem projeto geométrico*. São Carlos: Glauco Pontes Filho, 1998.

SCHWAB, S. H. S. *Sistemas de referência em Geodésia*. Curitiba: UFPR, 1995.

SILVA, L. F. M. *Glossário de termos ferroviários*. Rio de Janeiro: COPPE-UFRJ, 2002.

TULER, M. O. *Definições e fatos atuais na concepção de sistemas de referências em Geodésia*. Curitiba: UFPR, 1996.

TULER, M. O. *Fundamentos de topografia*. Belo Horizonte: CEFET-MG, 2010.

TULER, M. O. *Geodésia geométrica*. Belo Horizonte: FEAMIG, 2000. Apostila.

UNTAR, J. *Desenho arquitetônico*. Viçosa: UFV, 1987.

Sites

ASSOCIAÇÃO NACIONAL DOS TRANSPORTES FERROVIÁRIOS. Brasília: ANTF, 2011. Disponível em: <http://www.antf.org.br/>. Acesso em: 14 jun. 2012.

COCA-COLA. [S.l.]: Coca-Cola, c2013. Disponível em: <http://www.cocacola.com.br/pt/index.html>. Acesso em: 20 jun. 2012.

FABER-CASTELL. *Estamos ajudando a limpar o planeta!* [S.l.]: A. W. Faber-Castell, c2004. Disponível em: <http://www.faber-castell.com.br/37240/Home/default_news.aspx>. Acesso em: 24 jun. 2012.

FIFA.com. [S.l.]: FIFA, c2013. Disponível em: <http://pt.fifa.com/>. Acesso em: 24 maio 2012.

PREFEITURA de Belo Horizonte. Belo Horizonte: [s.n.], c2013. Disponível em: <https://portalpbh.pbh.gov.br>. Acesso em: 20 maio 2012.

WIKIPÉDIA: a enciclopédia livre. [S.l.]: Wikipédia, 2013. Disponível em: <http://pt.wikipedia.org>. Acesso em: 24 ago. 2012.

COTA

ÍCONE	NOME PORTUGUÊS	NOME INGLÊS	DESCRIÇÃO
⊢⊣	Cota linear	Linear Dimension	Cria cotas lineares
↘	Cota alinhada	Aligned Dimension	Cria uma cota linear alinhada
	Cota de ordenada	Ordinate Dimension	Cria cotas de ordenada
⊘	Cota de raio	Radius Dimension	Cria cotas radiais para círculos e arcos
⊘	Cota de diâmetro	Diameter Dimension	Cria uma cota de diâmetro para círculos e arcos
△	Cota angular	Angular Dimension	Cria uma cota angular
	Cota rápida	Quick Dimension	Cria rapidamente combinações de cotas
⊢	Cota de linha base	Baseline Dimension	Prolonga uma cota linear, angular ou de ordenada a partir da linha de base da cota anterior ou da cota selecionada
⊩⊩⊩	Cota em série	Continue Dimension	Prolonga uma cota linear, angular ou de ordenada a partir da segunda linha de extensão da cota anterior ou de uma cota selecionada
	Linha de chamada rápida	Quick Leader	Cria uma linha de chamada e uma anotação
	Tolerância	Tolerance	Cria tolerâncias geométricas
⊕	Marca de centro	Center Mark	Cria uma marca de centro para círculos e arcos
A	Edição de cota	Dimension Edit	Edita cotas
	Edição de texto da cota	Dimension Text Edit	Move e rotaciona o texto da cota
	Atualização de cota	Dimension Update	Atualiza o estilo de uma cota
ISO-25	Controle de estilos da cota	Dimension Style Control	Define os estilos de cota padrão para novas cotas e edita o estilo de cota de cotas já existentes
	Estilo de cota	Dimension Style	Cria e modifica estilos de cota

APROXIMAR AOS OBJETOS

ÍCONE	NOME PORTUGUÊS	NOME INGLÊS	DESCRIÇÃO
	Ponto de rastreamento temporário	Temporary Trak Point	Cria (ou localiza) um ponto temporário utilizado por snaps
	Aproximar à origem	Snap From	Localiza um ponto deslocado a partir de um ponto de referência
	Aproximar à extremidade	Snap to Endpoint	Efetua snap à extremidade mais próxima de um arco ou uma linha
	Aproximar ao meio	Snap to Midpoint	Efetua snap ao meio de um arco ou uma linha
✕	Aproximar à intersecção	Snap to Intersection	Efetua snap à intersecção de dois pontos
✕	Aproximar à intersecção aparente	Snap to Apparet Intersect	Efetua snap à intersecção aparente de dois objetos
----	Aproximar à extensão	Snap to Extension	Efetua snap à extensão fantasma de um arco ou uma linha
⊙	Aproximar ao centro	Snap to Center	Efetua snap ao centro de um arco, círculo, elipse ou arco elíptico
⬦	Aproximar ao quadrante	Snap to Quadrant	Efetua snap ao ponto de quadrante de um arco, círculo, elipse ou arco elíptico
○	Aproximar à tangente	Snap to Tangent	Efetua snap à tangente de um arco, círculo, elipse ou arco elíptico
⊥	Aproximar à perpendicular	Snap to Perpendicular	Efetua snap a um ponto perpendicular a um objeto
//	Aproximar à paralela	Snap to Parallel	Efetua snap à paralela em uma linha especificada
	Aproximar à inserção	Snap to Insert	Efetua snap ao ponto de inserção de um texto, um bloco, uma forma ou um atributo
○	Aproximar ao ponto	Snap to Node	Efetua snap a um objeto ponto
	Aproximar ao mais próximo	Snap to Nearest	Efetua snap ao ponto mais próximo de um objeto
	Sem Aproximar	Snap to None	Suprime snap a objeto em execução para a seleção atual
	Configurações de aproximar a objeto	Object Snap Settings	Define os modos de snap a objeto em execução

ZOOM

ÍCONE	NOME		DESCRIÇÃO
	PORTUGUÊS	INGLÊS	
	Janela de zoom	Zoom Window	Aplica zoom para exibir uma área especificada por uma janela retangular
	Zoom dinâmico	Zoom Dinamic	Aplica zoom para exibir a parte gerada do desenho
	Escala de zoom	Zoom Scale	Aplica zoom com um fator de escala específico
	Centro de zoom	Zoom Center	Aplica o zoom para exibir uma vista especificada por um ponto central
	Aumentar o zoom	Zoom In	Aumenta o tamanho aparente dos objetos
	Diminuir o zoom	Zoom Out	Reduz o tamanho aparente dos objetos
	Zoom total	Zoom All	Aplica o zoom para exibir a extensão do desenho ou dos limites da grade
	Zoom estendido	Zoom Extents	Exibe com uma maior extensão possível todos os objetos

TEXTO

ÍCONE	NOME		DESCRIÇÃO
	PORTUGUÊS	INGLÊS	
A	Texto de múltiplas linhas	Multiline text	Cria um objeto de texto de múltiplas linhas
AI	Texto de linha única	Single line text	Exibe o texto na tela à medida que é digitado
A	Editar texto	Edit text	Edita o texto - texto de cota e definições de atributos
	Localizar e substituir	Find and Replace	Localiza, substitui, seleciona ao aplicar zoom ao texto selecionado
A	Estilo do texto	Style text	Cria, modifica ou define estilos de texto nomeados no desenho
A	Redimensionar texto	Scale text	Redimensiona objetos de texto selecionados
A	Justificar texto	Justify text	Define a justificação do texto selecionado
	Converter distância entre espaços	Convert distance between spaces	Converte as alturas entre o espaço do modelo e o espaço do papel

MODIFICAR

ÍCONE	NOME		DESCRIÇÃO
	PORTUGUÊS	INGLÊS	
	Copiar objeto	Copy Object	Copia os objetos selecionados
	Espelhar	Mirror	Cria uma cópia espelhada de objetos
	Cópias paralelas	Offset	Cria círculos concêntricos, linhas paralelas e curvas paralelas
	Matriz	Array	Cria múltiplas cópias de objetos
	Mover	Move	Desloca objetos em uma distância e direção especificada
	Rotacionar	Rotate	Rotaciona objetos em relação a um ponto de referência
	Escala	Scale	Aumenta ou reduz uniformemente os objetos nas direções X, Y e Z
	Esticar	Stretch	Move ou estica os objetos
	Aparar	Trim	Apara objetos em um limite de corte definido por outros objetos
	Estender	Extend	Estende um objeto até que ele encontre outro objeto
	Quebrar no ponto	Break at Point	Quebra um objeto selecionado criando um ponto para cada novo objeto
	Quebrar	Break	Quebra um objeto selecionado em dois pontos distantes
	Chanfro	Chamfer	Chanfra as arestas de objetos
	Concordância	Fillet	Arredonda e faz a concordância das arestas dos objetos
	Explodir	Explode	Quebra um objeto composto nos objetos que o compõem

PESQUISAR

ÍCONE	NOME		DESCRIÇÃO
	PORTUGUÊS	INGLÊS	
	Distância	Distance	Mede a distância e o ângulo entre dois pontos
	Área	Area	Calcula a área e o perímetro de objetos ou de áreas definidas
	Região/Propriedades de massa	Region/Mass Proprieties	Calcula e exibe as propriedades de massa de regiões selecionadas
	Lista	List	Exibe informações de banco de dados para objetos selecionados
	Localizar ponto	Locate Point	Exibe os valores de coordenada de uma localização

CAMADAS

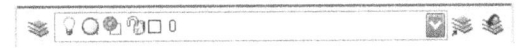

ÍCONE	NOME		DESCRIÇÃO
	PORTUGUÊS	INGLÊS	
	Gerenciador de propriedades de camadas	Layer Properties Manager	Gerencia camadas e suas propriedades
	Ativar ou desativar uma camada	Turn a layer On or Off	Ativa e desativa camadas selecionadas
	Congela ou descongela todas as viewports	Freeze or thaw in ALL viewports	Congela camadas selecionadas em todas as viewports
	Congelar ou descongelar a viewport atual	Freeze or thaw in corrent viewports	Congela camadas selecionadas na viewport de layout atual
	Bloquear ou desbloquear uma camada	Lock or Unlock a layer	Bloqueia e desbloqueia as camadas
	Cor da camada	Color of layer	Altera a cor associada às camadas selecionadas
0	Nome da camada	Name of layer	Exibe os nomes das camadas
	Tornar atual a camada do objeto	Make object's layer Current	Torna uma camada de um objeto selecionado a camada atual
	Camada anterior	Layer Previous	Desfaz a última alteração ou o último conjunto de alterações feitas nas configurações da camada

PROPRIEDADES

ÍCONE	NOME		DESCRIÇÃO
	PORTUGUÊS	INGLÊS	
ByLayer	Controle de Cor	Color Control	Elemento de controle de cor
ByLayer	Controle de tipo de linha	Linetype Control	Elemento de controle do tipo de linha
ByLayer	Controle de espessura de linha	Lineweight Control	Elemento de controle de espessura de linha
ByColor	Controle de estilos de plotagem	Plot style Control	Elemento de controle de estilo de plotagem

DESENHAR

ÍCONE	NOME		DESCRIÇÃO
	PORTUGUÊS	INGLÊS	
/	Linha	Line	Cria segmentos de reta
/	Linha de construção	Construction Line	Cria uma linha infinita de referência
⇁	Polilinha	Polyline	Cria polilinhas bidimensionais
⬠	Polígono	Polygon	Cria um polígono equilátero
▭	Retângulo	Rectangle	Desenha um retângulo
⌒	Arco	Arc	Cria um arco
⊘	Círculo	Circle	Cria um círculo
☁	Nuvem	Revcloud	Cria uma polilinha de sequentes arcos para formar uma nuvem
∿	Spline	Spline	Cria uma curva B-spline não uniforme e racional
○	Elipse	Elipse	Cria uma elipse
⌒	Elipse arco	Elipse arc	Cria um arco elíptico
	Inserir bloco	Insert Block flyout	Insere um bloco já criado
	Criar bloco	Make Block	Cria uma definição de bloco a partir de um conjunto de objetos selecionados
.	Ponto	Point	Cria um ponto
▦	Hachura	Hach	Preenche uma área delimitada ou objetos
	Região	Region	Converte em um objeto, outros objetos delimitados por área região
A	Texto	Multiline Text	Cria um objeto texto de múltiplas linhas

Apêndice A

Como destacado no início deste livro, para que os exercícios sejam realizados, é necessário um conhecimento prévio dos comandos a serem utilizados. Existe, no mercado editorial, um vasto número de títulos que tratam do manuseio do *software* AutoCAD. Este assunto também é amplamente apresentado em apostilas na internet. No caso dos exercícios serem aplicados em sala de aula, caberá ao professor ensinar o comando necessário para o exercício proposto.

Outra fonte de consulta importante é o próprio "help – F1" do AutoCAD, que apresenta de forma detalhada todos os comandos do AutoCAD.

A seguir, serão descritas as funções dos principais comandos do CAD, a partir dos ícones que compõem as barras de ferramentas. As principais barras de ferramentas escolhidas e consideradas aqui como básicas para o aprendizado são:

- Padrão (Standard)
- Camadas (Layer)
- Propriedades (Properties)
- Desenhar (Draw)
- Zoom (Zoom)
- Texto (Text)
- Modificar (Modify)
- Cota (Dimension)
- Pesquisar (Inquiry)
- Aproximar a objetos (Object Snap)

PADRÃO

ÍCONE	NOME		DESCRIÇÃO
	PORTUGUÊS	INGLÊS	
	Novo	New	Cria um novo arquivo de desenho
	Abrir	Open	Abre um arquivo de desenho existente
	Salvar	Save	Salva o arquivo de desenho atual
	Plotar	Plot	Imprime um desenho em um plotter, impressora ou arquivo.
	Visualizar impressão	Plot preview	Mostra como será a aparência do desenho quando for impresso
	Publicar	Publish	Salva desenhos para arquivos DWF ou plotters
	Recortar para a área de transferência	Cut to Clipboard	Copia objetos para a área de transferência
	Copiar para área de transferência	Copy to Clipboard	Copia objetos para a área de transferência
	Colar da área de transferência	Paste from Clipboard	Insere dados da área de transferência
	Propriedades iguais	Match Properties	Copia as propriedades de um objeto para um ou mais objetos
	Desfazer	Undo	Reverte a operação mais recente
	Refazer	Redo	Reverte os efeitos de um comando desfazer ou anterior
	Pan em tempo real	Pan Realtime	Move a vista do desenho
	Zoom em tempo real	Zoom Realtime	Aplica zoom em tempo real
	Zoom de janela	Zoom window	Aplica zoom a partir de uma janela criada pelo usuário
	Zoom anterior	Zoom Previous	Aplica zoom para exibir a vista anterior
	Propriedades	Properties	Controla propriedades de objetos existentes
	AutoCAD DesignCenter	AutoCAD DesignCenter	Gerencia e insere conteúdos como blocos e padrões de hachura
	Ferramenta Paletas	Tool Palettes Window	Mostra ou oculta a janela de paletas
	Ajuda	Help	Exibe a ajuda do AutoCAD

Exercício 2.66 » **Grau de dificuldade: AVANÇADO**   Área do conhecimento: **ARTE GRÁFICA**

Objetivo: Desenhar o aro de uma roda em 3D.

Principais comandos: LINE, REVOLVE e LOFT.

Comentário: Aros são utilizados para estruturar rodas veiculares.

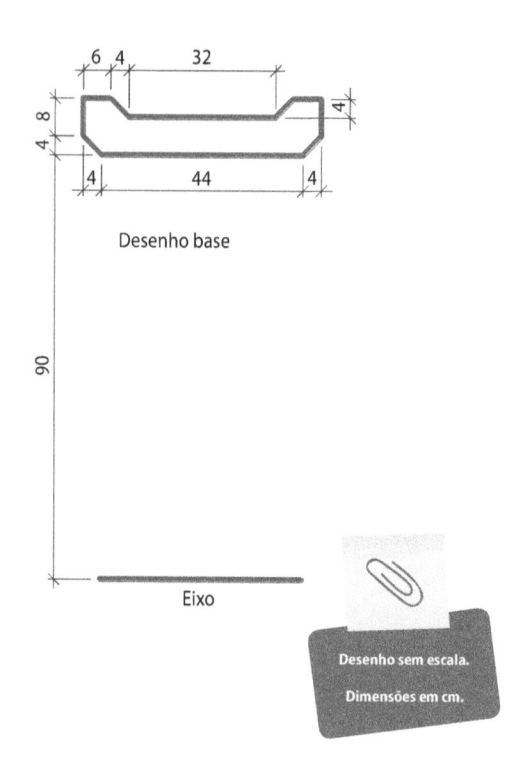

Desenho base

Eixo

Desenho sem escala.
Dimensões em cm.

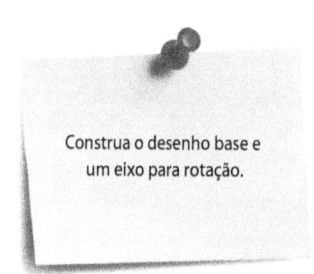

Construa o desenho base e um eixo para rotação.

Exercício 2.65 » Grau de dificuldade: AVANÇADO

Área do conhecimento: SOLOS

Objetivo: Desenhar uma barragem de terra com filtro.

Principais comandos: EXTRUDE, SUBSTRACT e INTERSECT.

Comentário: Barragens convencionais são estruturas construídas transversalmente aos vales e utilizadas basicamente para a acumulação de água. Podem ser utilizadas para abastecimento de água, recreação, controle de cheias, contenção de sedimentos, etc.

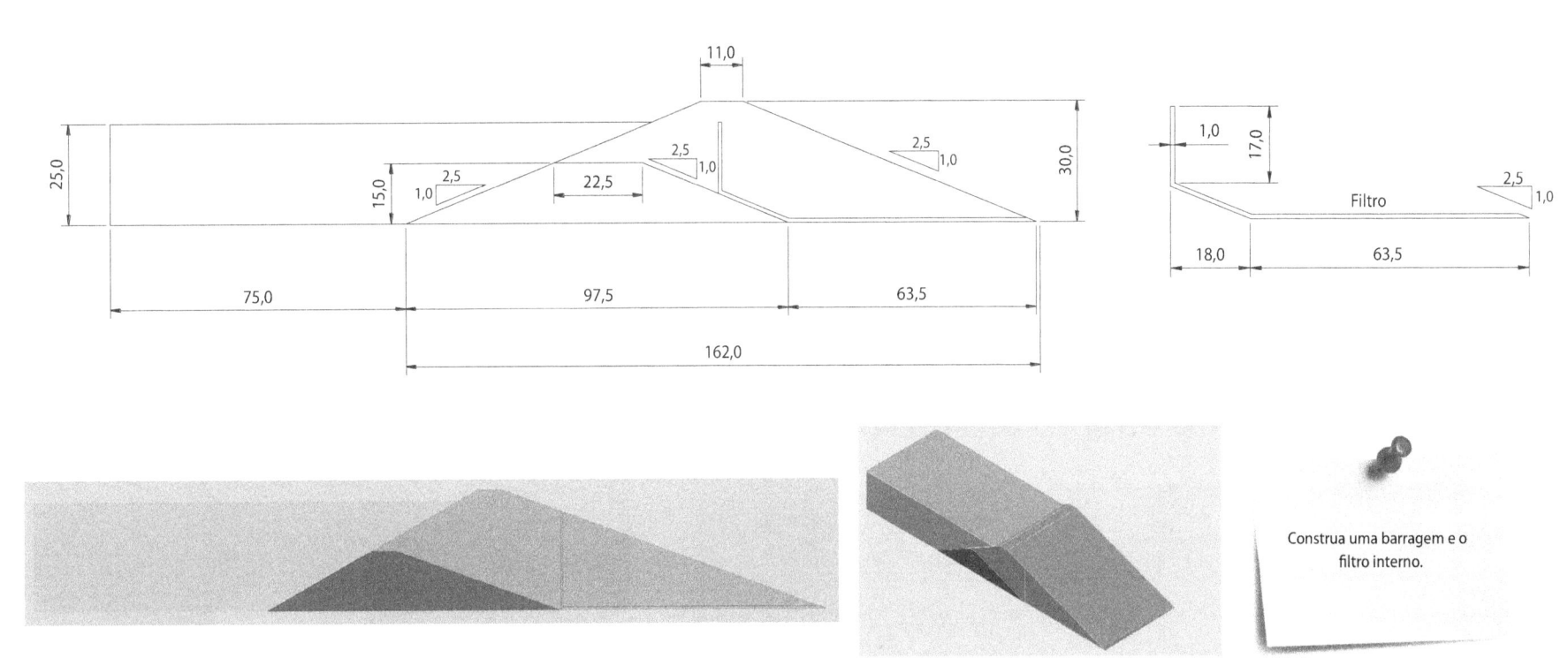

Construa uma barragem e o filtro interno.

Desenho sem escala.
Dimensões em m.

Exercício 2.64 » **Grau de dificuldade: AVANÇADO** **Área do conhecimento: ARTE GRÁFICA**

Objetivo: Desenhar um cadeado em 3D.

Principais comandos: EXTRUDE e SUBSTRACT.

Comentário: Cadeados são dispositivos utilizados para travar portões, gavetas, caixas e diversos outros tipos de equipamentos e móveis. Os cadeados podem ter formatos e tamanhos variados.

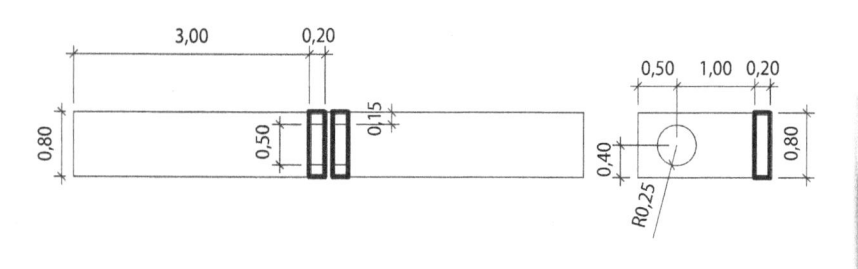

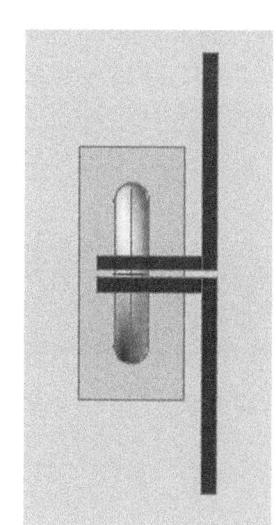

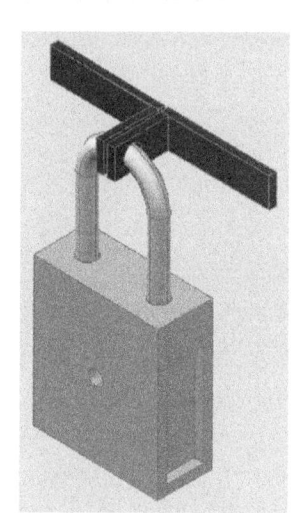

Construa um cadeado em 3D a partir das vistas apresentadas.

Desenho sem escala.
Dimensões em cm.

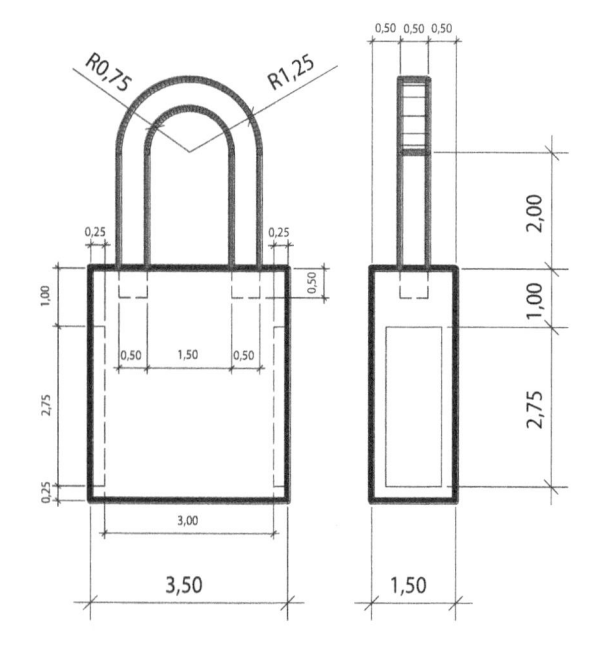

Exercício 2.63 » **Grau de dificuldade: AVANÇADO**

Área do conhecimento: ARTE GRÁFICA

Objetivo: Desenhar dados em 3D.

Principais comandos: BOX, SPHERE, SUBSTRACT e 3D VIEWS.

Comentário: Dados são pequenos poliedros com instruções gravadas nas suas faces. O dado mais clássico é o cubo (seis faces), que possui números de um a seis. A função do dado é gerar um resultado aleatório que fica restrito ao número de faces contidas nele. É muito utilizado em jogos de tabuleiro.

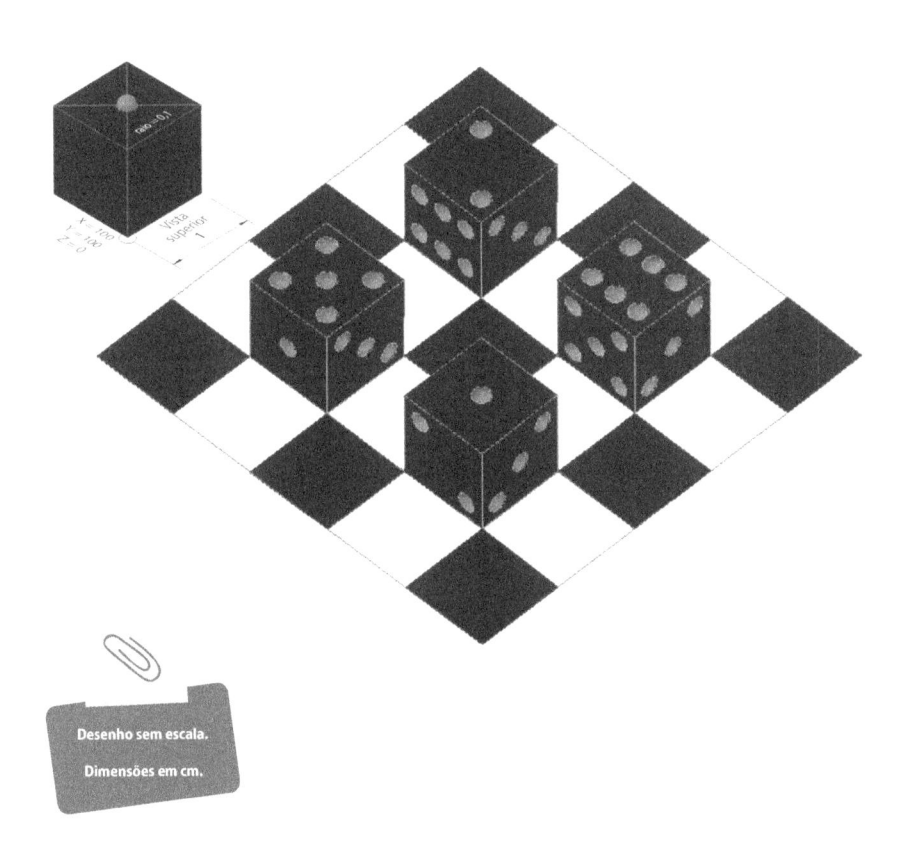

Construa apenas um objeto (dado) e rotacione-o. Utilize as coordenadas tridimensionais para construir as cavidades dos números.

Desenho sem escala.
Dimensões em cm.

Exercício 2.62 » **Grau de dificuldade: AVANÇADO**   Área do conhecimento: **ARTE GRÁFICA**

Objetivo: Desenhar um lápis em 3D.

Principais comandos: POLYGON, EXTRUDE, CONE, CYLINDER, SUBSTRACT e 3D VIEWS.

Comentário: Em 1564, um enorme depósito de grafite foi descoberto perto de Borrowdale, Cumbria, Inglaterra. Os habitantes locais descobriram que esse material era muito útil para marcar ovelhas. Este depósito particular de grafite era extremamente puro e sólido, fazendo que esse material pudesse ser facilmente fixado a um pau. Surgindo assim os lápis rústicos, semelhantes aos lápis que conhecemos hoje.

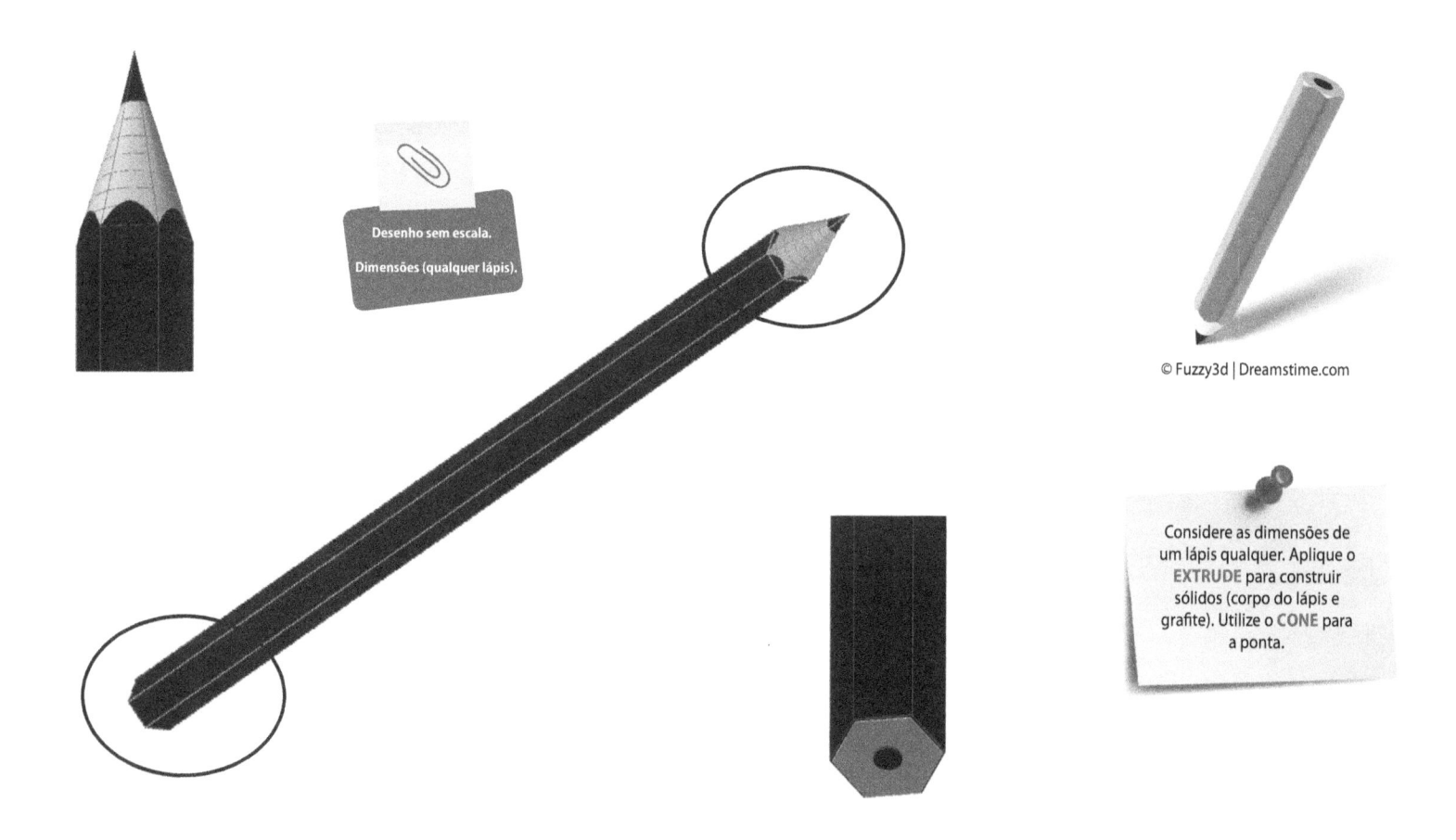

Desenho sem escala.
Dimensões (qualquer lápis).

© Fuzzy3d | Dreamstime.com

Considere as dimensões de um lápis qualquer. Aplique o **EXTRUDE** para construir sólidos (corpo do lápis e grafite). Utilize o **CONE** para a ponta.

Exercício 2.61 » Grau de dificuldade: AVANÇADO

Área do conhecimento: ARTE GRÁFICA

Objetivo: Desenhar uma garrafa de Coca-Cola em 3D.

Principais comandos: SPLINE e REVOLVE.

Comentário: Coca-Cola é um refrigerante com sabor de noz-de-cola pertencente à *The Coca-Cola Company*, que o comercializa em mais de 200 países. A história da Coca-Cola começa quando o farmacêutico John Pemberton chega à cidade de Atlanta nos Estados Unidos, logo após a Guerra Civil americana. Em busca de clientes que comprassem suas ideias e medicamentos, conheceu Frank Robinson, um contador de quem acaba tornando-se sócio. No dia 8 de maio de 1886, era vendida a primeira bebida conhecida atualmente como Coca-Cola.

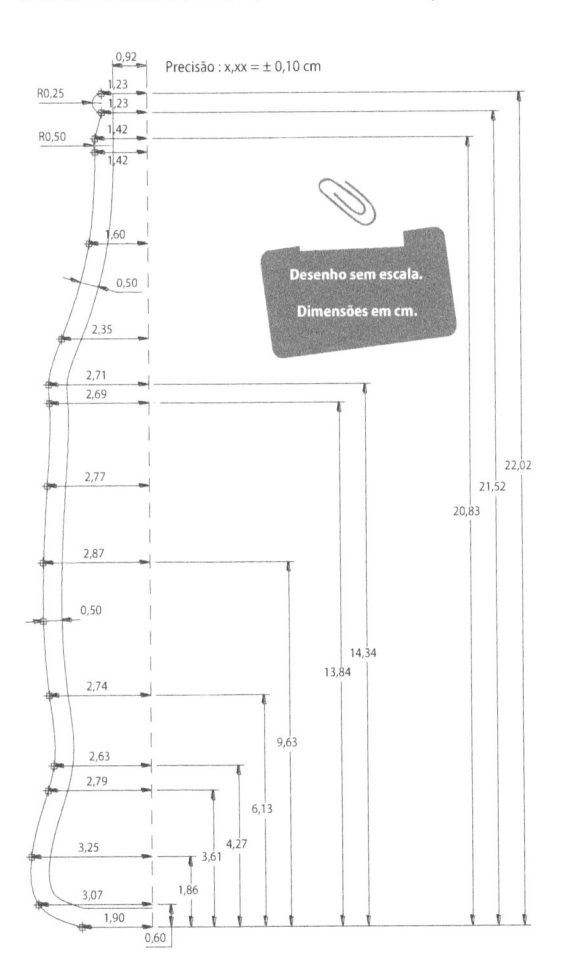

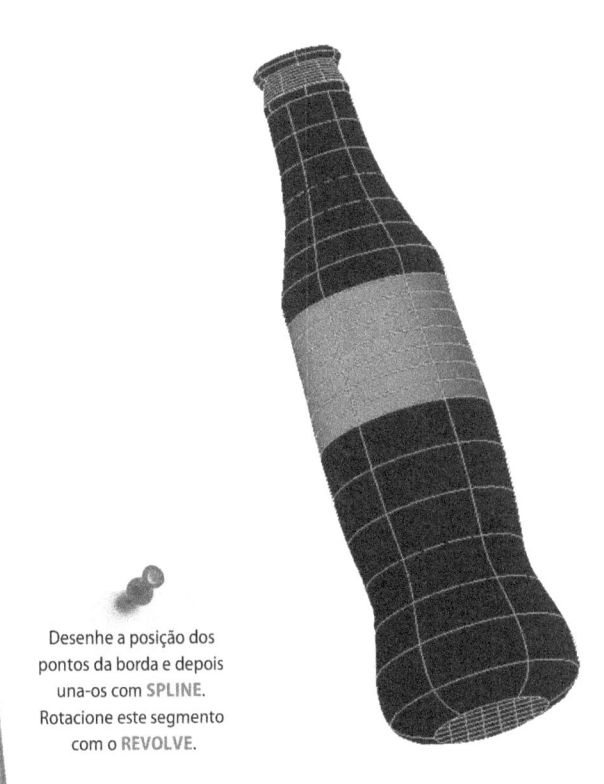

Precisão : x,xx = ± 0,10 cm

Desenho sem escala.
Dimensões em cm.

Desenhe a posição dos pontos da borda e depois una-os com SPLINE. Rotacione este segmento com o REVOLVE.

AFP | gettyimages®

Exercício 2.60 » Grau de dificuldade: AVANÇADO

Área do conhecimento: MECÂNICA

Objetivo: Desenhar uma peça de mecânica em 3D.

Principais comandos: REVOLVE, SHADE e 3D ORBIT.

Comentário: Como já visto anteriormente, as vistas de um objeto favorecem a construção de peças do desenho mecânico (e outras aplicações). Quando se tem uma vista frontal de um objeto em duas dimensões (2D) e deseja-se uma revolução em torno de um dos eixos de simetria (x ou y), aplica-se o comando REVOLVE, criando um objeto em três dimensões (3D). Também, para esconder as arestas não visíveis de uma peça, pode-se aplicar o SHADE e seus subcomandos.

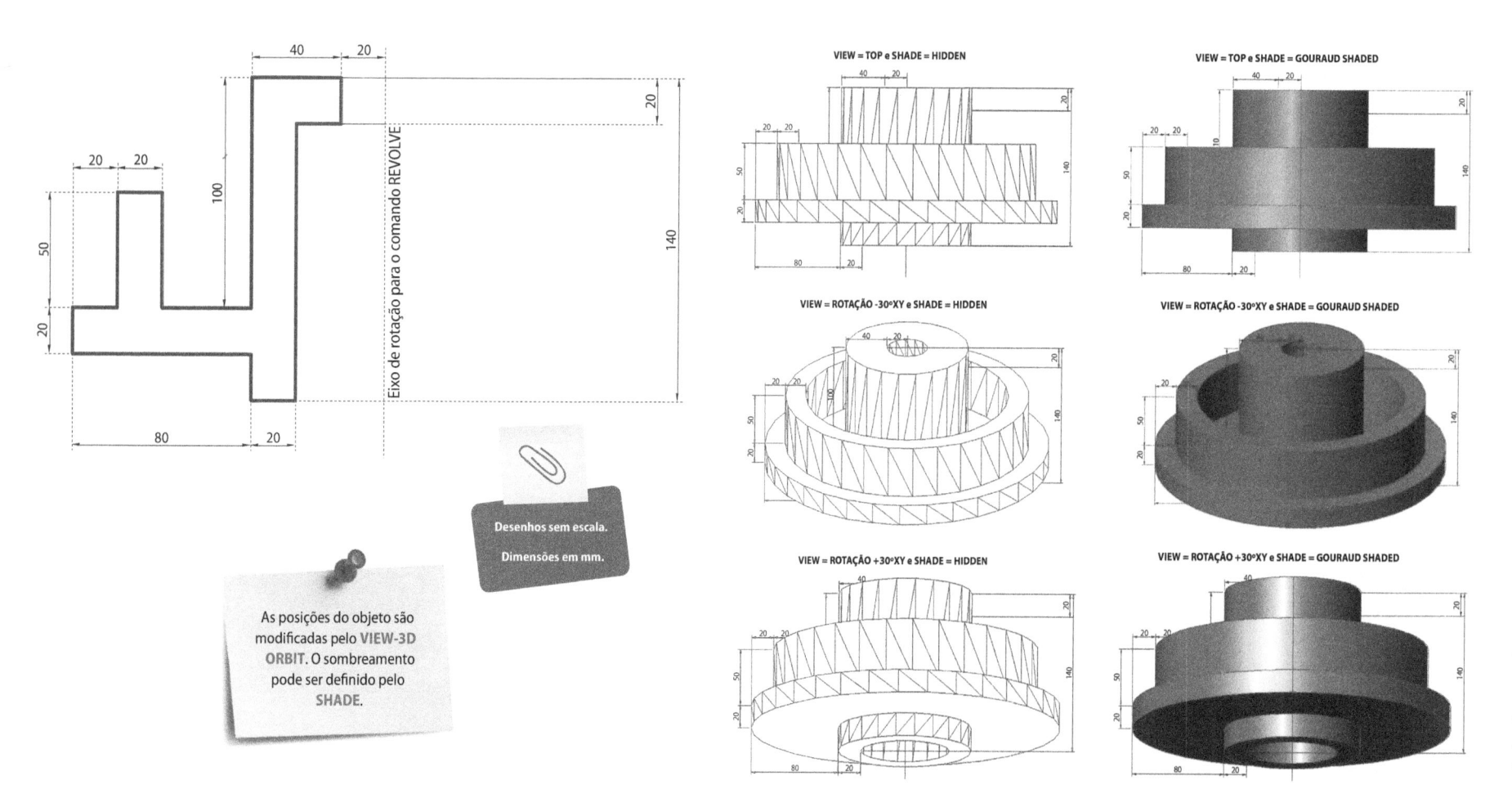

Desenhos sem escala.
Dimensões em mm.

As posições do objeto são modificadas pelo VIEW-3D ORBIT. O sombreamento pode ser definido pelo SHADE.

Exercício 2.59 » **Grau de dificuldade: AVANÇADO** **Área do conhecimento: MECÂNICA**

Objetivo: Desenhar uma engrenagem em 3D.

Principais comandos: REGION, UNION, EXTRUDE, SUBSTRACT e SHADE.

Comentário: Engrenagens são usadas em milhares de dispositivos mecânicos e sua mais importante tarefa é fornecer uma redução na transmissão em equipamentos motorizados. Considere um pequeno motor girando muito rapidamente e fornecendo energia suficiente para um dispositivo, mas não conseguindo dar o torque necessário como, por exemplo, é o caso de uma parafusadeira elétrica, que tem uma redução de transmissão muito grande, porque precisa de muito torque para girar os parafusos. Com a redução de transmissão, a velocidade de saída pode ser diminuída e o torque, aumentado.

© Matteo69 | Dreamstime.com

As dimensões se referem às do Exercício 2.44.
Aplique o REGION e depois o UNION no exercício original. Aplique o EXTRUDE para elevar os objetos. Aplique o SUBSTRACT para apagar objetos.

Exercício 2.58 » Grau de dificuldade: AVANÇADO   Área do conhecimento: HIDRÁULICA

Objetivo: Desenhar uma boca de lobo em 3D.

Principais comandos: BOX, SUBSTRACT, TEXTURE e 3D VIEWS.

Comentário: Toneladas de lixo e entulho são jogadas diariamente em bocas de lobo pelas populações das grandes e médias cidades brasileiras. Tal comportamento tem levado enormes problemas de saneamento enfrentados por órgãos responsáveis pela manutenção e conservação desses locais. As principais consequências são os entupimentos, resultando em alagamentos e em outros transtornos, principalmente nos períodos de chuvas intensas.

Desenho sem escala.
Dimensões no Exercício 2.37.

Utilize as dimensões do Exercício 2.37. Aplique o SUBSTRACT na construção destes modelos. Aplique o MATERIALS para aplicar texturas.

Exercício 2.57 » Grau de dificuldade: AVANÇADO

Área do conhecimento: EDIFICAÇÕES

Objetivo: Desenhar um sistema viga-pilar em 3D.

Principais comandos: EXTRUDE, HATCH e 3D VIEWS.

Comentário: Composto por três elementos, o sistema viga-pilar pode ser descrito como duas barras verticais (pilares ou colunas) suportando uma terceira barra horizontal (viga). Esta disposição estabelece um espaço ou vão livre sob a viga, que pode ser usado para fins diversos como abrigos, portas ou janelas e, se o sistema for posicionado lado a lado, pode formar um túnel.

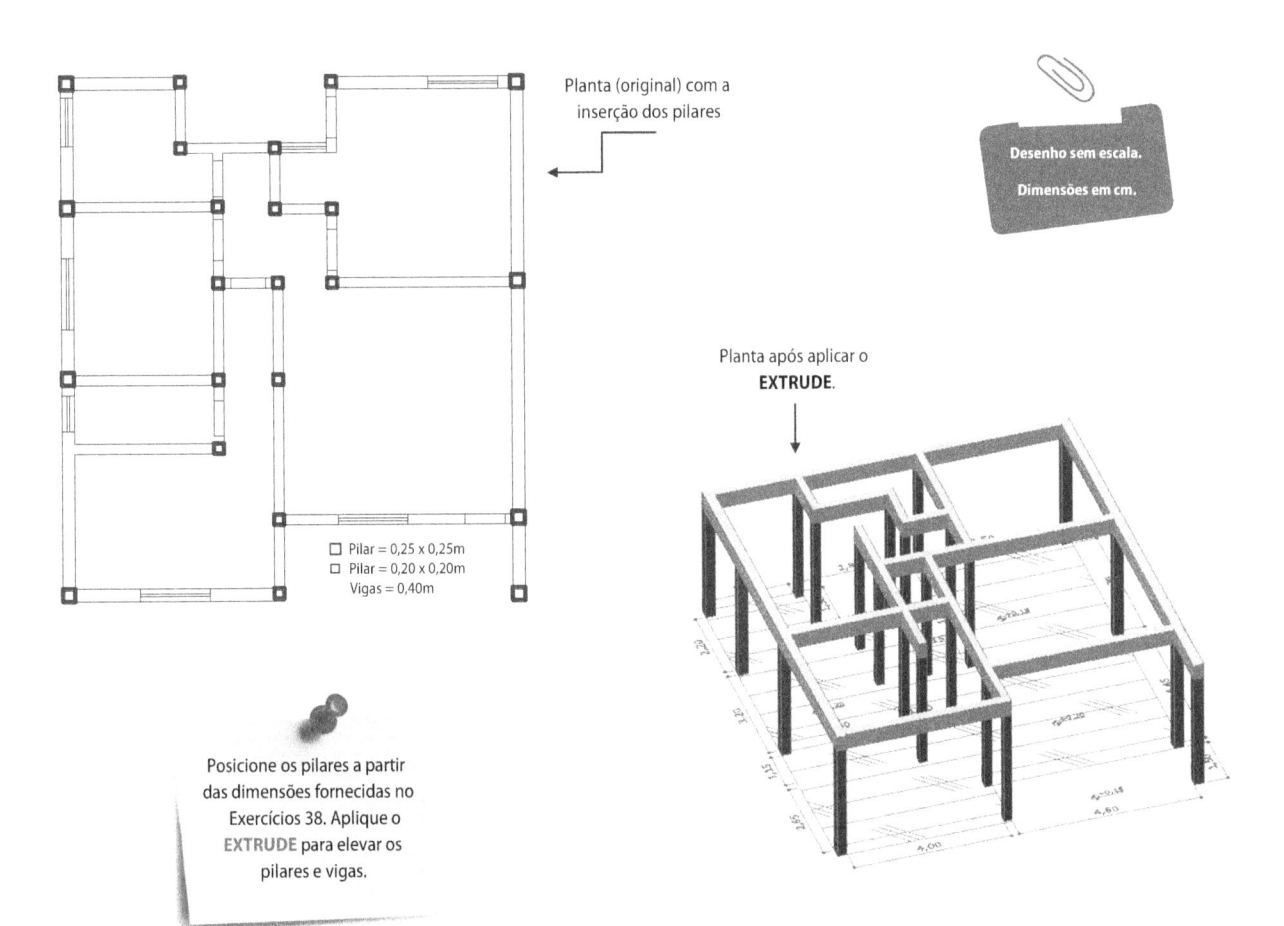

Planta (original) com a inserção dos pilares

Desenho sem escala.
Dimensões em cm.

☐ Pilar = 0,25 x 0,25m
☐ Pilar = 0,20 x 0,20m
Vigas = 0,40m

Planta após aplicar o **EXTRUDE**.

Posicione os pilares a partir das dimensões fornecidas no Exercícios 38. Aplique o **EXTRUDE** para elevar os pilares e vigas.

Exercício 2.56 » Grau de dificuldade: AVANÇADO   Área do conhecimento: PROGRAMAÇÃO

Objetivo: Deslocar um ponto no CAD, criando sensação de movimento.

Principais comandos: SCRIPT, VSLIDE, MSLIDE, DELAY e ERASE.

Comentário: A sensação de movimento de um ponto da tela gráfica (animação) no AutoCAD pode ser desenvolvida de duas formas: criando *slides* e sobrepondo-os *ou* inserindo pontos, apagando-os e ativando-os em outra posição da tela. Em ambos os casos, uma sequência de comandos deve ser repetida com um intervalo predeterminado. Estas simulações podem ser ativadas pela construção de um SCRIPT, com auxílio de comandos como o VSLIDE, MSLIDE, DELAY, ERASE, etc. Nos exemplos abaixo, há dois SCRIPTs em que um ponto é deslocado.

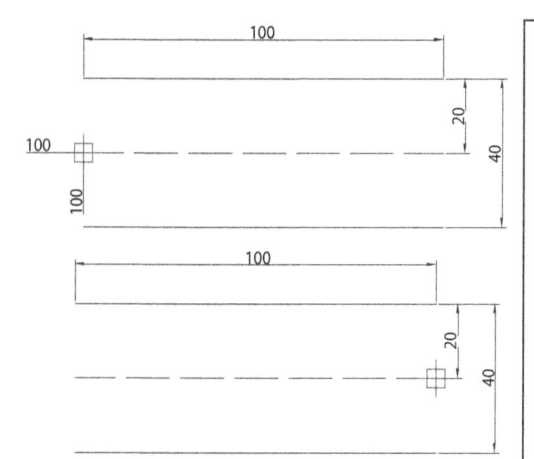

Opção 1

a) Crie e salve dois *slides*, conforme figura ao lado;

MSLIDE – Crie os *slides* em duas posições (slide1.srd e slide2.srd)

b) Construa o SCRIPT (em um editor de textos, por exemplo):

```
;Tempo para visualização do
slide1, no caso 2 segundos (o
ponto-vírgula no princípio
significa que isto é um
comentário e não será executado
pelo Command)
DELAY 2000
;Início do slide show, carregando
o slide1
VSLIDE slide1

;Pré carregando o slide2

VSLIDE *slide2

;Tempo para visualização do
slide2, no caso 2 segundos

DELAY 2000

;Apresentação do slide2, após os
2 segundos

VSLIDE

;Repetir o SCRIPT

RSCRIPT
```

Ao executar o "script", os *slides* devem estar salvos em diretórios conhecidos para sua correta visualização.

Opção 2

a) Crie o desenho ao lado;

b) Construa o SCRIPT (em um editor de textos, por exemplo):

```
;Desenhar o ponto na primeira
posição
POINT 100,100
;Tempo para visualização do
primeiro ponto, no caso 2
segundos
DELAY 2000

;Apagar o ponto da primeira
posição

ERASE 100,100

;Desenhar o ponto na segunda
posição, simulando o movimento
POINT 200,100
;Tempo para visualização do
ponto, no caso 2 segundos
DELAY 2000

;Apagar o ponto da segunda
posição

ERASE 200,100

;Repetir o SCRIPT

RSCRIPT
```

c) Salvar este SCRIPT criado, em formato *.scr

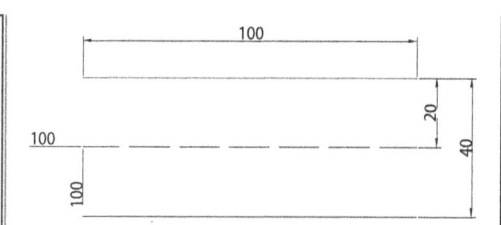

Após o comando **ERASE**, com suas respectivas coordenadas, deixe um caractere de espaço para que este seja executado corretamente.

Exercício 2.55 » Grau de dificuldade: AVANÇADO

Área do conhecimento: PROGRAMAÇÃO

Objetivo: Desenhar a partir de uma rotina *AutoLISP*.

Principais comandos: SETQ, GETPOINT e LINE.

Comentário: O AutoLISP é uma linguagem de programação LISP utilizada no AutoCAD para automatizar tarefas e desenvolver desenhos cujas práticas são repetitivas como, por exemplo, a determinação da inclinação entre duas estacas cotadas.

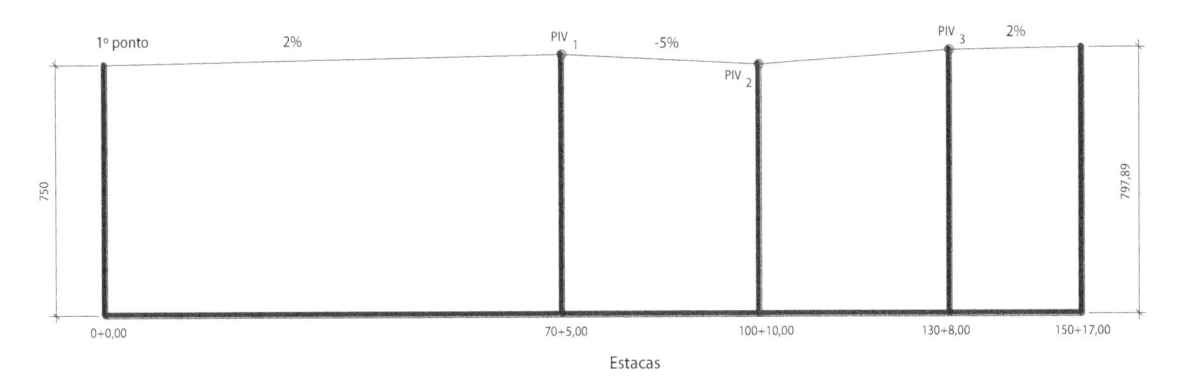

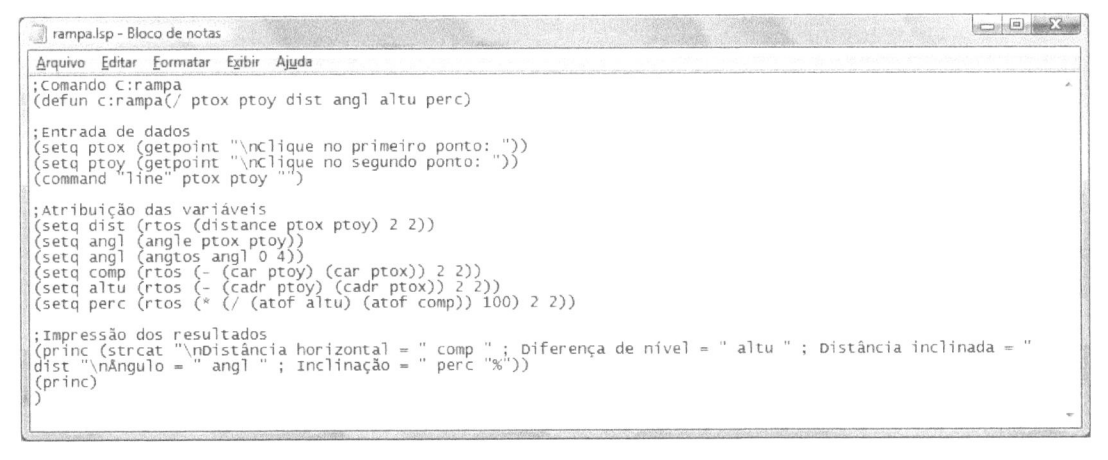

Construa o desenho ao lado.
Use o comando **VLIDE** para abrir o editor Visual LISP.
Utilize o **TOOLS/AutoLISP** para carregar a rotina.

Desenho sem escala.
Dimensões em m.

```
;Comando C:rampa
(defun c:rampa(/ ptox ptoy dist angl altu perc)

;Entrada de dados
(setq ptox (getpoint "\nClique no primeiro ponto: "))
(setq ptoy (getpoint "\nClique no segundo ponto: "))
(command "line" ptox ptoy "")

;Atribuição das variáveis
(setq dist (rtos (distance ptox ptoy) 2 2))
(setq angl (angle ptox ptoy))
(setq angl (angtos angl 0 4))
(setq comp (rtos (- (car ptoy) (car ptox)) 2 2))
(setq altu (rtos (- (cadr ptoy) (cadr ptox)) 2 2))
(setq perc (rtos (* (/ (atof altu) (atof comp)) 100) 2 2))

;Impressão dos resultados
(princ (strcat "\nDistância horizontal = " comp " ; Diferença de nível = " altu " ; Distância inclinada = " dist "\nÂngulo = " angl " ; Inclinação = " perc "%"))
(princ)
)
```

```
Command:
Distância horizontal = 1405 ; Diferença de nível = 28.1 ; Distância inclinada = 1405.28
Ângulo = 1.1458 ; Inclinação = 2%
```

Exercício 2.54 » Grau de dificuldade: AVANÇADO Área do conhecimento: ESTRADAS

Objetivo: Desenhar interseções viárias II.

Principais comandos: OFFSET, FILLET, CIRCLE, TRIM, LAYER e ARC.

Comentário: Não existem critérios generalizados que possam definir, com precisão, o tipo de interseção a ser adotada para determinadas condições. Isso ocorre porque essa escolha se constitui num problema complexo, que envolve volumes de tráfego, velocidades, diferentes tipos de veículos, aspectos topográficos. Apesar disto, uma referência importante é o Manual de Projeto de Interseções, publicado pelo DNIT (BRASIL, 2005), em que se apresentam normas e critérios de construção de projetos.

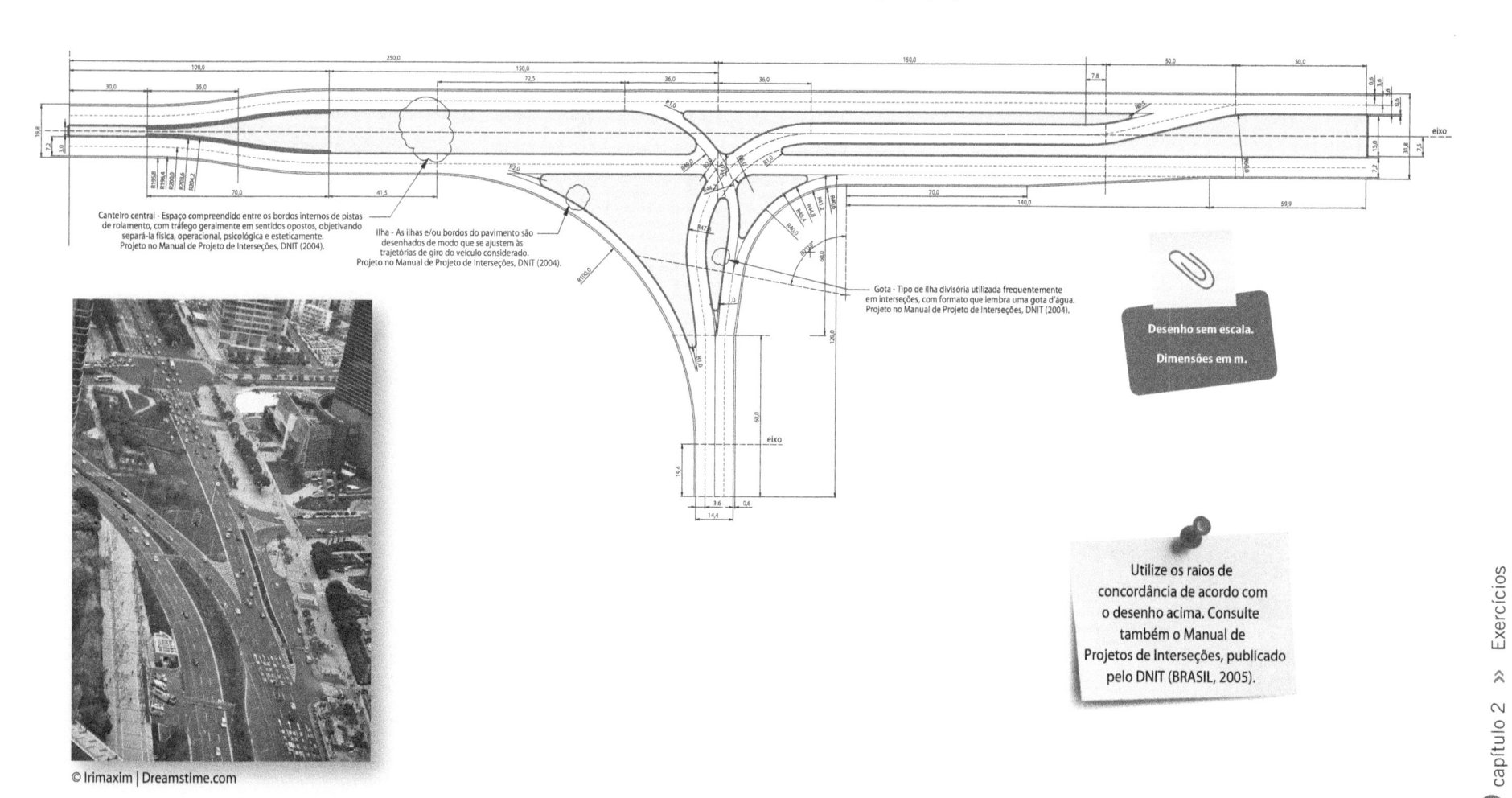

Canteiro central - Espaço compreendido entre os bordos internos de pistas de rolamento, com tráfego geralmente em sentidos opostos, objetivando separá-la física, operacional, psicológica e esteticamente.
Projeto no Manual de Projeto de Interseções, DNIT (2004).

Ilha - As ilhas e/ou bordos do pavimento são desenhados de modo que se ajustem às trajetórias de giro do veículo considerado.
Projeto no Manual de Projeto de Interseções, DNIT (2004).

Gota - Tipo de ilha divisória utilizada frequentemente em interseções, com formato que lembra uma gota d'água.
Projeto no Manual de Projeto de Interseções, DNIT (2004).

Desenho sem escala.
Dimensões em m.

Utilize os raios de concordância de acordo com o desenho acima. Consulte também o Manual de Projetos de Interseções, publicado pelo DNIT (BRASIL, 2005).

© Irimaxim | Dreamstime.com

Exercício 2.53 » Grau de dificuldade: AVANÇADO

Área do conhecimento: GEODÉSIA E CARTOGRAFIA

Objetivo: Desenhar superfícies de projeção cartográfica.

Principais comandos: SPHERE, PLANAR SURFACE, CONE, CYLINDER, 3D ROTATE e REALIST VISUAL STYLE.

Comentário: A cartografia trata da representação gráfica de uma extensa área terrestre, em um plano horizontal. Como nem o geoide nem o elipsoide são superfícies desenvolvíveis, quando se quer representá-los em formas de cartas ou mapas, utilizam-se os sistemas de projeção. As superfícies de projeção de pontos originados de superfície terrestre podem ser um plano, um cone ou um cilindro. A projeção UTM (Universal Transverso de Mercator) é o sistema mais utilizado na cartografia e consiste numa projeção cilíndrica, transversa e secante.

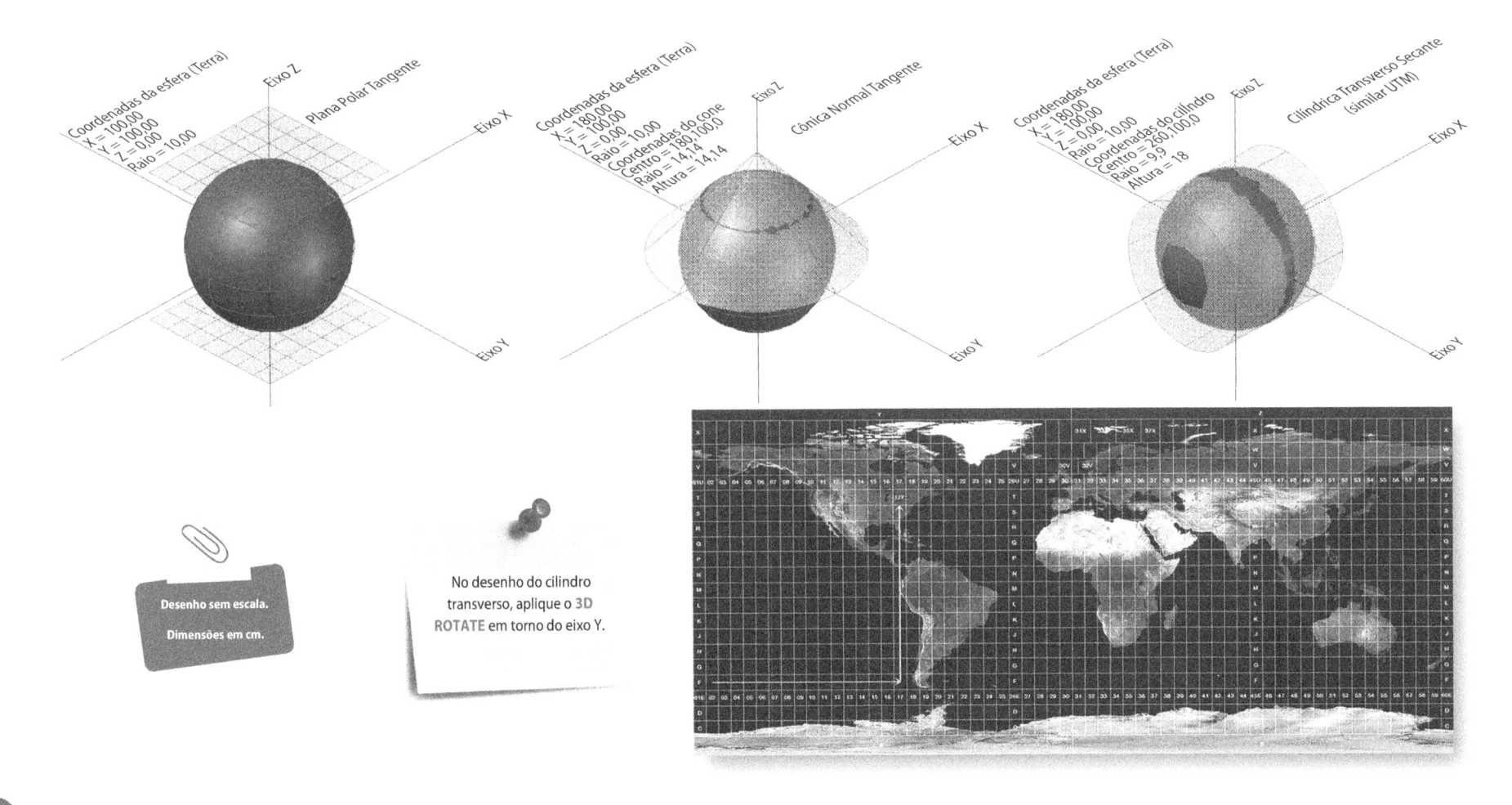

Plana Polar Tangente
Coordenadas da esfera (Terra)
X = 100,00
Y = 100,00
Z = 0,00
Raio = 10,00

Cônica Normal Tangente
Coordenadas da esfera (Terra)
X = 180,00
Y = 100,00
Z = 0,00
Raio = 10,00
Coordenadas do cone
Centro = 14,14
Raio = 14,14
Altura = 14,14

Cilíndrica Transverso Secante (similar UTM)
Coordenadas da esfera (Terra)
X = 180,00
Y = 100,00
Z = 0,00
Raio = 10,00
Coordenadas do cilindro
Centro = 260,100,0
Raio = 9,9
Altura = 18

Desenho sem escala.
Dimensões em cm.

No desenho do cilindro transverso, aplique o **3D ROTATE** em torno do eixo Y.

Exercício 2.52 » **Grau de dificuldade: AVANÇADO** Área do conhecimento: **GEODÉSIA E CARTOGRAFIA**

Objetivo: Desenhar o princípio geométrico do posicionamento GPS.

Principais comandos: SPHERE, SUBSTRACT, REALIST VISUAL STYLE e 3D VIEWS.

Comentário: A interseção de quatro esferas gera um ponto no espaço, de coordenadas conhecidas, desde que saibamos as coordenadas do centro e o raio dessas esferas. Considerando que este ponto seja o receptor GPS (ponto no qual se deseja obter as coordenadas), que os centros das esferas sejam as posições dos satélites e que o raio seja a distância entre o receptor e estes satélites, o problema do posicionamento fica geometricamente resolvido. Observe também que, no passo 2 mostrado abaixo (interseção de três esferas), já define-se dois pontos. Por exclusão de um desses pontos, o posicionamento já é resolvido.

PASSO 1
Esfera 1
Centro = 100,100
Raio = 10
Esfera 2
Centro = 110,90
Raio = 10

Interseção de duas esferas e círculo resultante

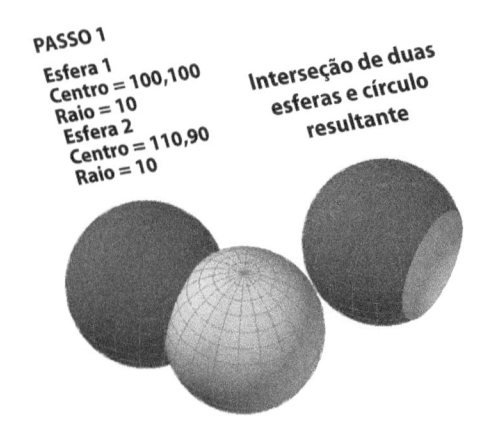

PASSO 2
Esfera 3
Centro = 145,100
Raio = 10

Interseção da terceira esfera com a primeira interseção

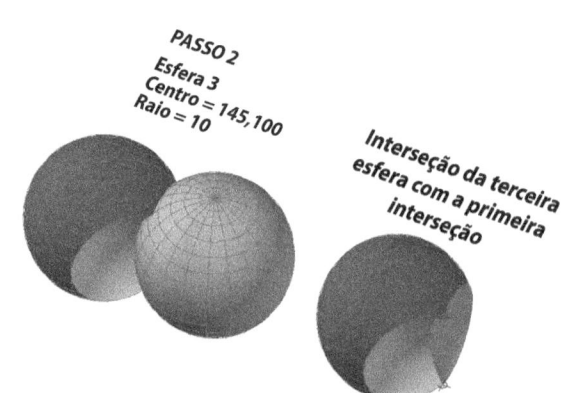

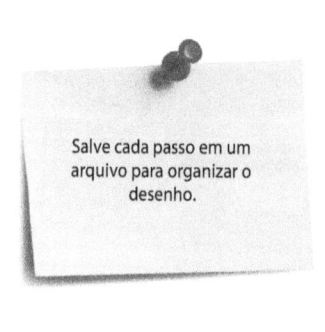

Salve cada passo em um arquivo para organizar o desenho.

PASSO 3
Esfera 4
Centro = 142,100,-12
Raio = 10

Interseção da quarta esfera com a segunda interseção

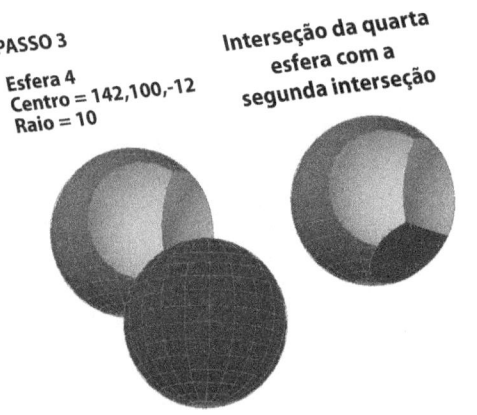

Desenho sem escala.
Dimensões em cm.

Exercício 2.51 » Grau de dificuldade: AVANÇADO

Área do conhecimento: GEODÉSIA E CARTOGRAFIA

Objetivo: Desenhar um globo terrestre e pontos coordenados.

Principais comandos: SURFACE-SPHERE e 3DVIEW

Comentário: O globo terrestre é uma representação da superfície da Terra numa determinada escala. As longitudes e latitudes definem a posição dos pontos. A longitude é definida como o ângulo formado pelo meridiano de Greenwich e pelo meridiano do ponto no plano do equador, e esta varia de 0° a 180° para o leste ou oeste, com origem no meridiano de Greenwich. A latitude é definida como o ângulo que uma vertical do ponto em relação ao geoide forma com sua projeção equatorial. Esta varia de 0° a 90° para o norte ou sul, com origem no plano do Equador.

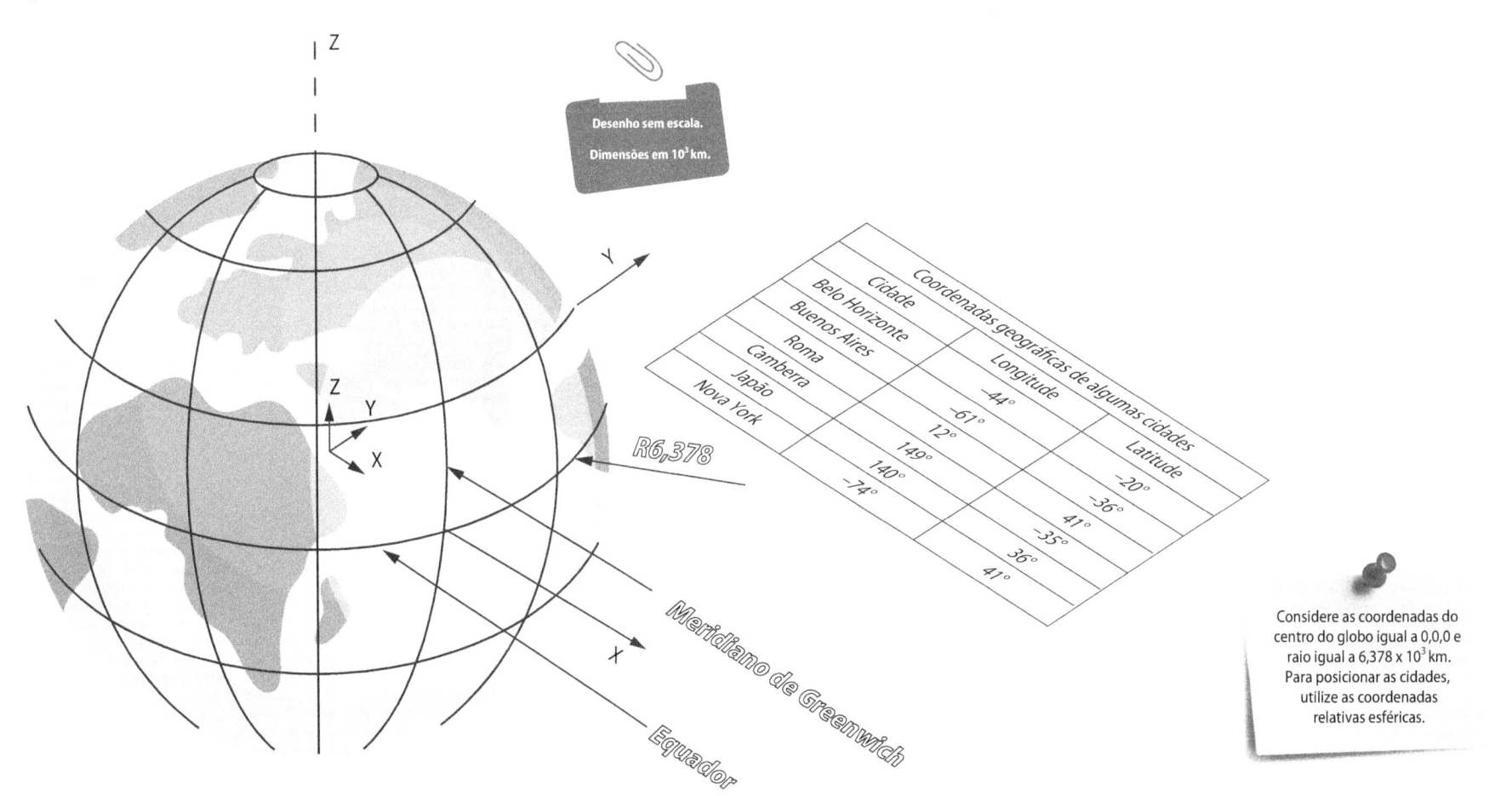

Desenho sem escala.
Dimensões em 10^3 km.

R6,378

Meridiano de Greenwich

Equador

Coordenadas geográficas de algumas cidades

Cidade	Longitude	Latitude
Belo Horizonte	-44°	-20°
Buenos Aires	-61°	-36°
Roma	12°	41°
Camberra	149°	-35°
Japão	140°	36°
Nova York	-74°	41°

Considere as coordenadas do centro do globo igual a 0,0,0 e raio igual a 6,378 x 10^3 km. Para posicionar as cidades, utilize as coordenadas relativas esféricas.

Exercício 2.50 » **Grau de dificuldade: AVANÇADO** **Área do conhecimento: TOPOGRAFIA**

Objetivo: Desenhar um sólido com base em suas seções transversais.

Principais comandos: PLINE, 3D VIEWS, GRADIENT, REALIST VISUAL STYLE, LOFT e VOLUME.

Comentário: A partir das seções transversais de um terreno é possível determinar o volume compreendido entre esses cortes. Para tal, considerando uma aproximação deste volume, pode-se determinar a média das áreas de duas seções consecutivas e multiplicá-la pela distância entre as seções. Quanto mais próxima a distância entre as seções e quanto maior a fidelidade ao retratar o terreno e a sua área, mais preciso será este volume. Numa terraplenagem, a determinação do volume a ser movimentado é fundamental para os estudos dos custos da obra.

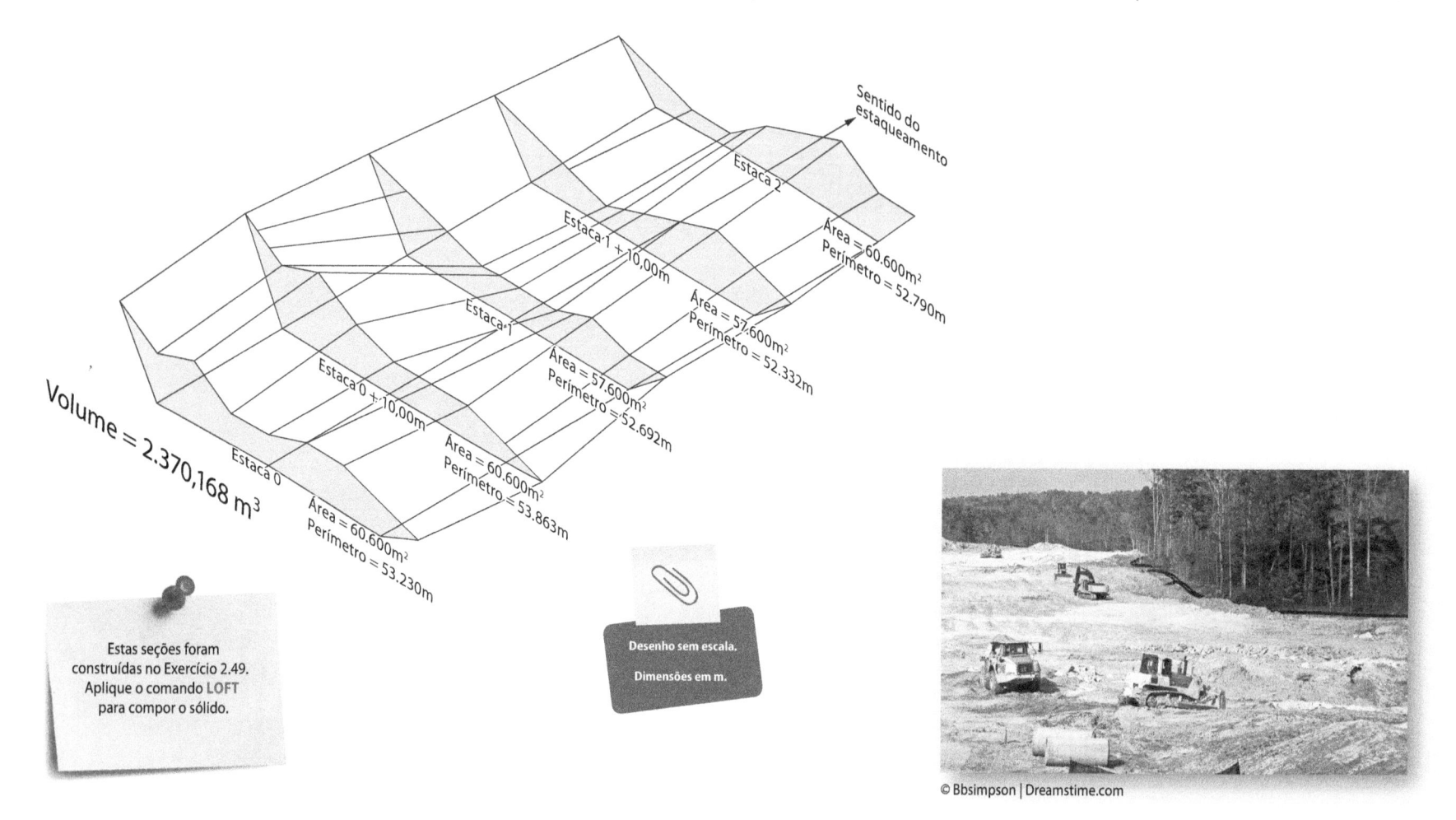

Sentido do estaqueamento

Estaca 2
Área = 60.600 m²
Perímetro = 52.790 m

Estaca 1 + 10,00 m
Área = 57.600 m²
Perímetro = 52.332 m

Estaca 1
Área = 57.600 m²
Perímetro = 52.692 m

Estaca 0 + 10,00 m
Área = 60.600 m²
Perímetro = 53.863 m

Estaca 0
Área = 60.600 m²
Perímetro = 53.230 m

Volume = 2.370,168 m³

Estas seções foram construídas no Exercício 2.49. Aplique o comando LOFT para compor o sólido.

Desenho sem escala. Dimensões em m.

© Bbsimpson | Dreamstime.com

| Exercício 2.49 » Grau de dificuldade: AVANÇADO | Área do conhecimento: TOPOGRAFIA |

Objetivo: Desenhar seções transversais.

Principais comandos: PLINE, AREA e 3DVIEWS-FRONT.

Comentário: Ao longo de um trecho estaqueado como, por exemplo, ao longo de uma via, podem ser construídas seções transversais, representando as distâncias horizontais *versus* as respectivas alturas do terreno. Os dados para a construção de uma seção transversal (ou corte transversal) podem ser obtidos através de medições topográficas de campo ou podem ser retirados de uma planta com curvas de nível. Entre as aplicações da construção de seções transversais está o cálculo de volumes (de corte ou aterro), em que se determina o volume compreendido entre duas seções consecutivas.

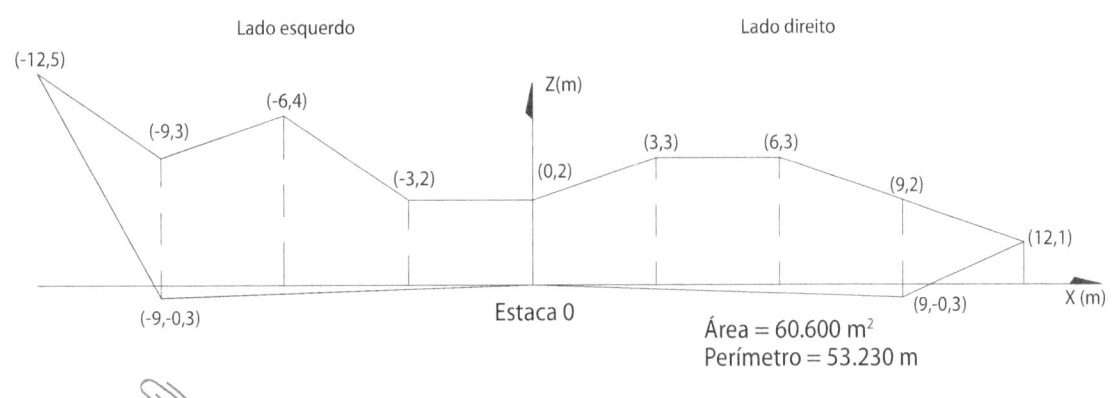

Lado esquerdo — Lado direito

(-12,5) (-9,3) (-6,4) (-3,2) (0,2) Z(m) (3,3) (6,3) (9,2) (12,1)
(-9,-0,3) Estaca 0 (9,-0,3) X(m)

Área = 60.600 m^2
Perímetro = 53.230 m

Desenho sem escala.
Dimensões em m.

Construa as cinco seções transversais com base na caderneta ao lado. Desenhe com a vista frontal (3D VIEWS-FRONT).

CADERNETA DE SEÇÕES TRANSVERSAIS

	Lado esquerdo				Estaca			Lado direito			
dist. (X)	-12	-9	-6	-3	0	3	6	9	12	dist. (X)	
cota (Z) pé	-	-0,3	-	-	0	-	-	-0,3	-	cota (Z)	pé
topo	5	3	4	2	2	3	3	2	1		topo

	Lado esquerdo				Estaca			Lado direito			
dist. (X)	-12	-9	-6	-3	0 + 10,00	3	6	9	12	dist. (X)	
cota (Z) pé	-	-0,3	-	-	0	-	-	-0,3	-	cota (Z)	pé
topo	6	4	5	3	2	2	2	1	0		topo

	Lado esquerdo				Estaca			Lado direito			
dist. (X)	-12	-9	-6	-3	1	3	6	9	12	dist. (X)	
cota (Z) pé	-	-0,3	-	-	0	-	-	-0,3	-	cota (Z)	pé
topo	5	4	3	2	2	2	3	2	2		topo

	Lado esquerdo				Estaca			Lado direito			
dist. (X)	-12	-9	-6	-3	1 + 10,00	3	6	9	12	dist. (X)	
cota (Z) pé	-	-0,3	-	-	0	-	-	-0,3	-	cota (Z)	pé
topo	4	3	2	1	2	3	4	3	2		topo

	Lado esquerdo				Estaca			Lado direito			
dist. (X)	-12	-9	-6	-3	2	3	6	9	12	dist. (X)	
cota (Z) pé	-	-0,3	-	-	0	-	-	-0,3	-	cota (Z)	pé
topo	3	2	1	1	3	4	5	3	3		topo

Exercício 2.48 » Grau de dificuldade: AVANÇADO

Área do conhecimento: ESTRADAS

Objetivo: Desenhar uma seção tipo de uma rodovia.

Principais comandos: SPLINE, DIMENSION, LAYER e HATCH.

Comentário: Uma seção tipo é uma vista segundo planos verticais perpendiculares ao eixo de uma rodovia. Pode ser constituída pelos seguintes elementos: faixa de trânsito, pista de rolamento, acostamentos, taludes laterais, plataforma, dispositivos para drenagem, separador central, faixa de domínio, definição dos offsets, etc. A seção transversal dita mista ocorre quando, na mesma seção, a rodovia resulta, de um lado, abaixo do terreno natural, e, do outro, acima do terreno natural.

Bordo esquerdo				Eixo	Bordo direito			
Distâncias (m)				est. 10	Distâncias (m)			
12,000	9,000	6,000	3,000	0,000	3,000	6,000	9,000	12,000
Cota do terreno (m)					Cota do terreno (m)			
103,500	102,700	101,900	101,200	100,000	99,200	98,800	98,300	97,900
Distâncias de projeto					Distâncias de projeto			
talude corte adot. (v/h = 1/1)	1,0m - sarjeta (apenas no corte)	3,5m - faixa	2,5m - acostamento	Informações do projeto	3,5m - faixa	2,5m - acostamento	1,0m - sarjeta	talude aterro adot. (v/h = 1/2)
obs.: a distância de offset deve ser retirada do desenho	inclinação = -25%; dn = 0,25m	abaulamento = -2%	inclinação = -5%		abaulamento = -2%	inclinação = -5%	inclinação = -25%; dn = 0,25m	obs.: a distância de offset deve ser retirada do desenho
Cotas de projeto (m)					Cotas de projeto (m)			
	99,680	99,930	99,805	100,000	99,930	99,805	-	

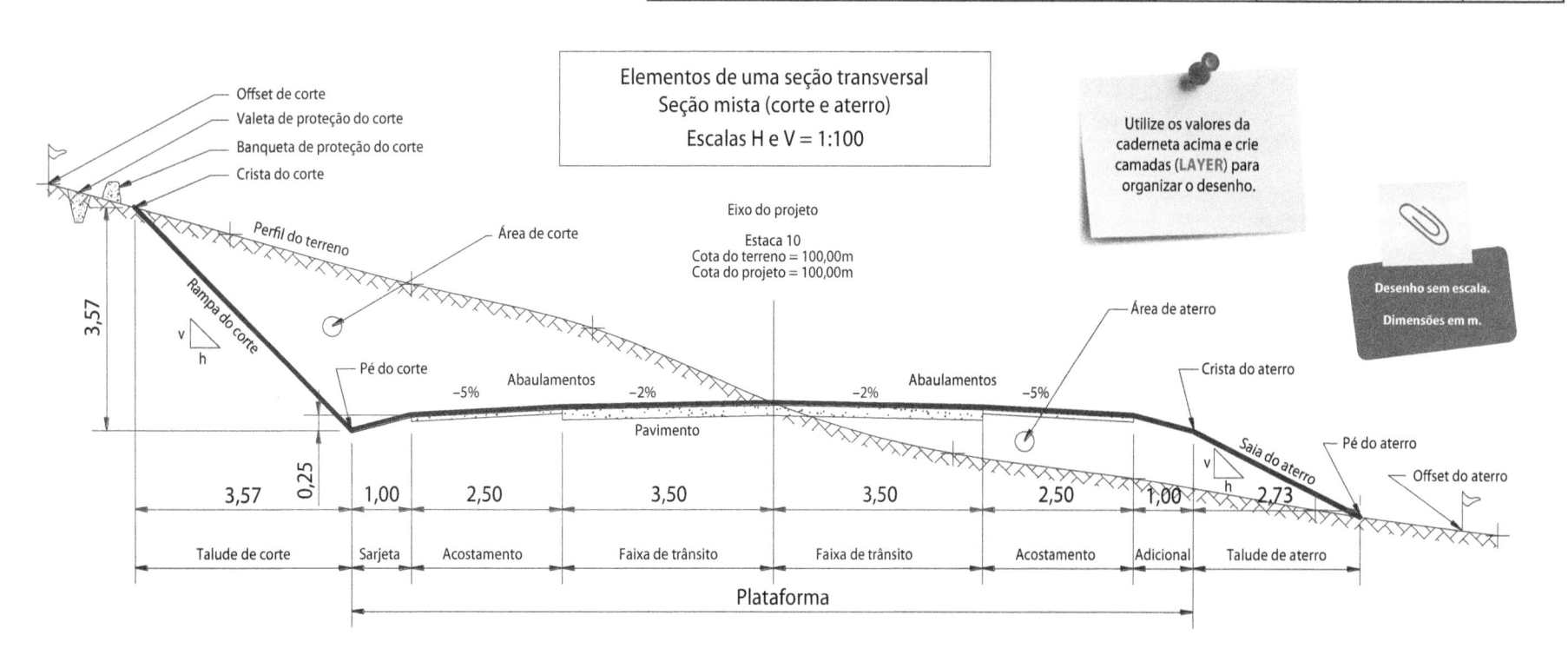

Elementos de uma seção transversal
Seção mista (corte e aterro)
Escalas H e V = 1:100

Utilize os valores da caderneta acima e crie camadas (**LAYER**) para organizar o desenho.

Desenho sem escala.
Dimensões em m.

Eixo do projeto
Estaca 10
Cota do terreno = 100,00m
Cota do projeto = 100,00m

Exercício 2.47 » **Grau de dificuldade: AVANÇADO** **Área do conhecimento: TOPOGRAFIA**

Objetivo: Desenhar uma planta com curvas de nível.

Principais comandos: POINT (DIVIDE) e PLINE.

Comentário: Uma curva de nível é um traçado que une pontos de mesma cota ou altitude. É uma forma de representar o relevo do terreno em planta. A distância vertical entre as curvas de nível deve ser constante e depende da escala do desenho, sendo denominada de Equidistância Vertical (EV). Os dados para a construção de uma planta com curvas de nível, considerando a escala, podem ser obtidos de duas formas: por meio de um levantamento topográfico (Estação Total e/ou GPS) ou com uso do sensoriamento remoto (fotografias aéreas ou imagens de satélite). Existem, no mercado, vários programas interpoladores de curvas de nível (WinSurfer, Topograph, AutoCAD Survey, IDRISI, ArcInfo, etc.). A técnica apresentada a seguir apenas ilustra uma das possibilidades de uso do AutoCAD, porém pouco usual.

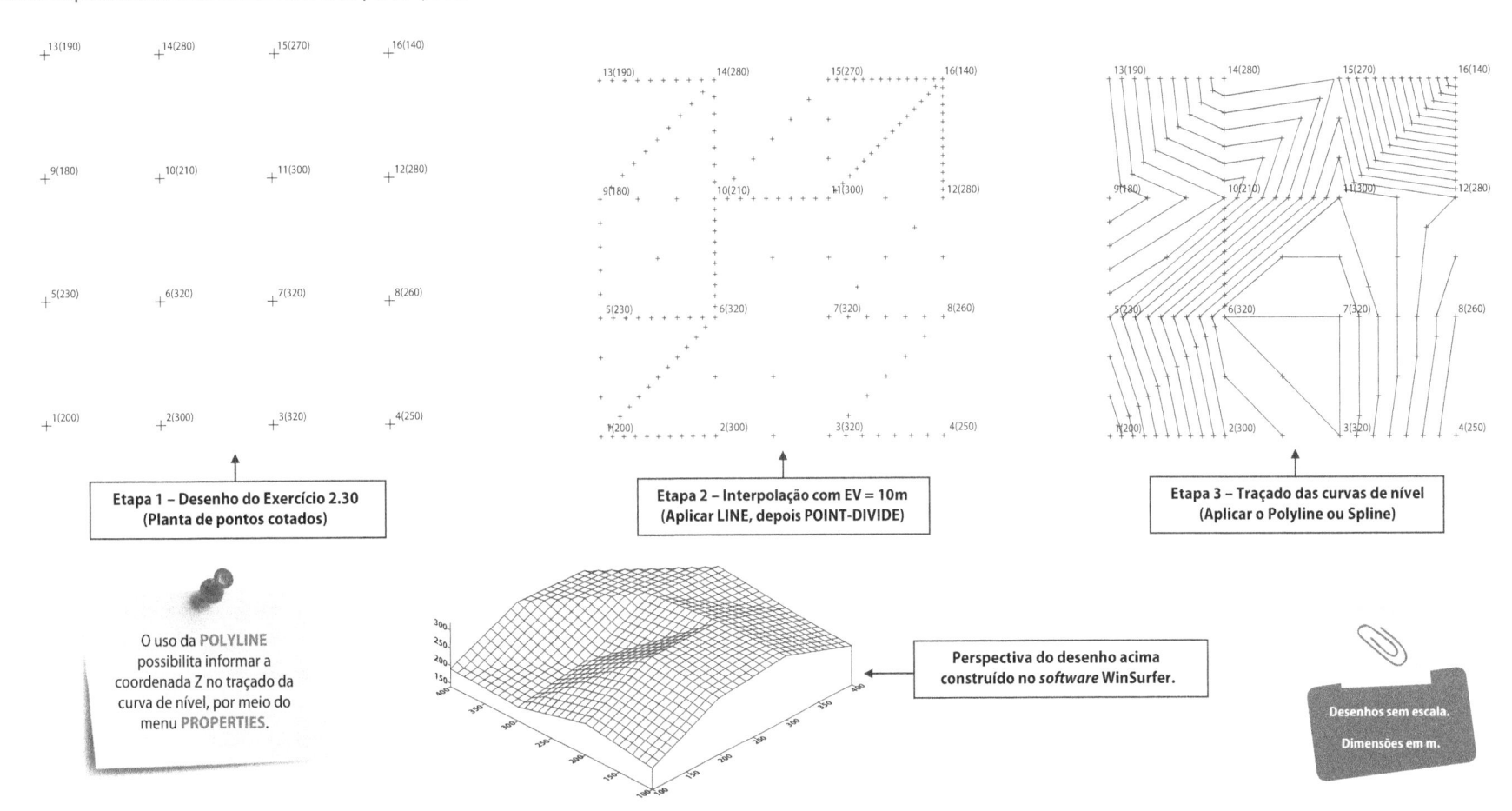

Etapa 1 – Desenho do Exercício 2.30
(Planta de pontos cotados)

Etapa 2 – Interpolação com EV = 10m
(Aplicar LINE, depois POINT-DIVIDE)

Etapa 3 – Traçado das curvas de nível
(Aplicar o Polyline ou Spline)

O uso da POLYLINE possibilita informar a coordenada Z no traçado da curva de nível, por meio do menu PROPERTIES.

Perspectiva do desenho acima construído no *software* WinSurfer.

Desenhos sem escala.

Dimensões em m.

Exercício 2.46 » Grau de dificuldade: AVANÇADO

Área do conhecimento: TOPOGRAFIA

Objetivo: Desenhar uma poligonal topográfica II.

Principais comandos: LAYER, BLOCK, TEXT, SCRIPT e OFFSET.

Comentário: Após o levantamento topográfico, as coordenadas planimétricas (X e Y) da poligonal e irradiações podem ser calculadas. Os erros de campo (angulares e lineares) são distribuídos segundo tolerâncias prescritas na ABNT NBR 13133:1994. O desenho da poligonal e irradiações deve ser acompanhado de sua escala e orientação. Também se utiliza um quadro de convenções topográficas para ilustrar os elementos naturais e artificiais. Em caso de apresentar também a altimetria do terreno, por meio das curvas de nível, este desenho será denominado de planta topográfica.

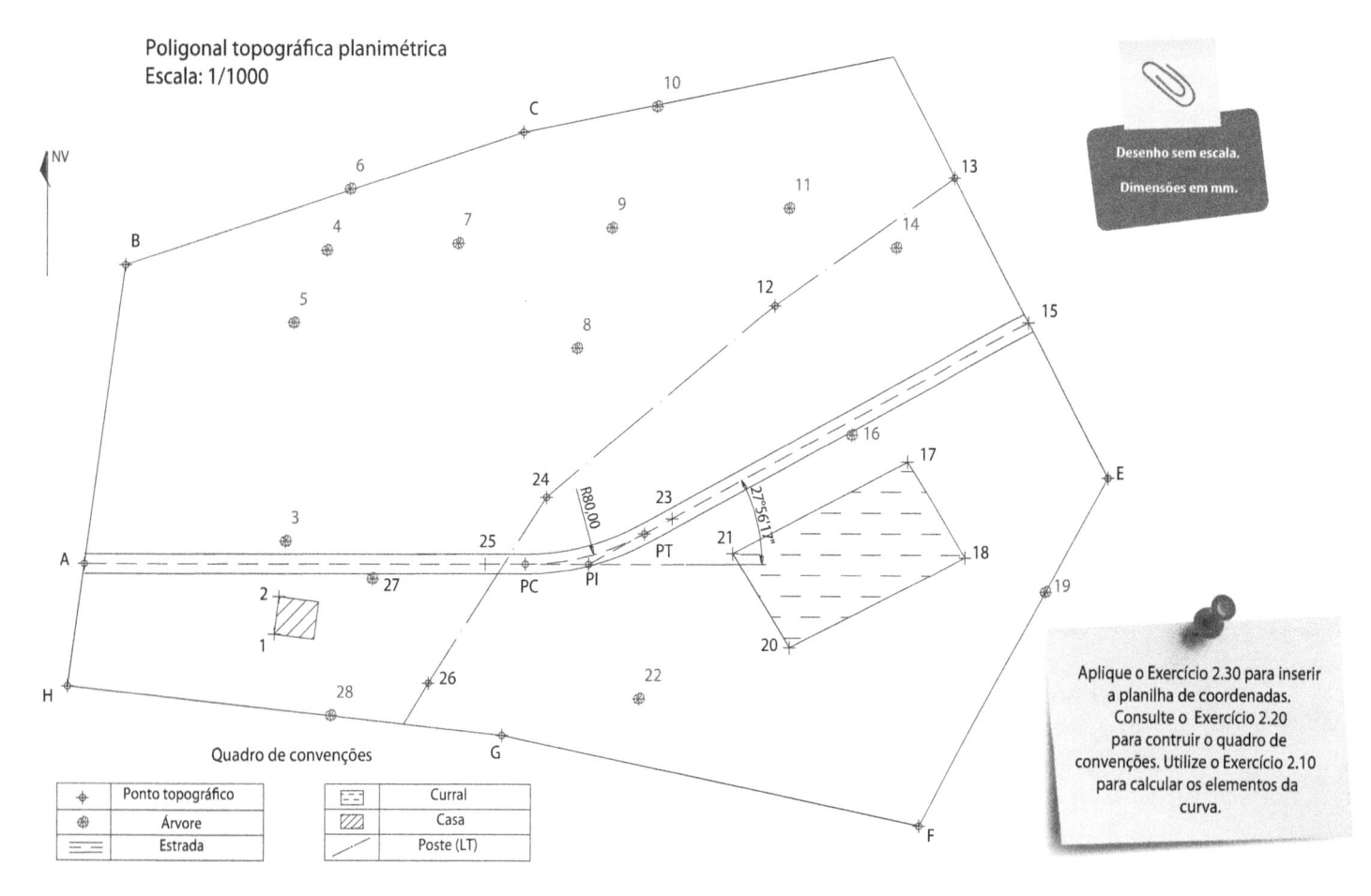

Poligonal topográfica planimétrica
Escala: 1/1000

Desenho sem escala. Dimensões em mm.

Quadro de convenções

⊕	Ponto topográfico
⊛	Árvore
═══	Estrada
⌐⌐	Curral
▨	Casa
╱	Poste (LT)

Aplique o Exercício 2.30 para inserir a planilha de coordenadas. Consulte o Exercício 2.20 para contruir o quadro de convenções. Utilize o Exercício 2.10 para calcular os elementos da curva.

PLANILHA DE COORDENADAS

Ponto	X	Y	Obs.:
A	1.000,00	1.000,00	poligonal
B	1.012,89	1.090,81	eixo estrada l = 6,00
1	1.059,72	978,759	casa - fundo - 12,50
2	1.061,19	990,076	casa
3	1.063,21	1.007,04	árvore
C	1.138,06	1.131,40	poligonal
4	1.076,11	1.095,42	árvore
5	1.065,68	1.073,37	árvore
6	1.083,36	1.114,05	árvore
D	1.254,36	1.154,59	poligonal
7	1.117,45	1.097,59	árvore
8	1.155,09	1.065,78	árvore
9	1.166,06	1.102,42	árvore
10	1.180,10	1.139,35	árvore
E	1.322,97	1.026,82	poligonal
11	1.221,55	1.108,47	árvore
12	1217,12	1078,88	poste
13	1.274,06	1.117,97	poste
14	1.255,55	1.096,63	árvore
F	1.263,18	921,023	poligonal
15	1.297,65	1.073,97	eixo-estrada
16	1.241,59	1.039,73	árvore
17	1.259,34	1.031,53	cerca curral
18	1.277,93	1.002,47	cerca curral
19	1.303,39	992,171	árvore
G	1.131,54	948,017	poligonal
20	1.221,98	974,967	cerca curral
21	1.204,06	1.003,55	cerca curral
22	1.174,82	959,381	árvore
23	1.185,00	1.014,08	eixo-estrada
H	994,727	962,824	poligonal
24	1.145,56	1.020,47	poste
25	1.126,19	1.000,13	eixo-estrada
26	1.108,28	963,938	poste
27	1.090,53	995,62	árvore
28	1.077,48	954,021	árvore

Exercício 2.45 » Grau de dificuldade: AVANÇADO

Área do conhecimento: EDIFICAÇÕES

Objetivo: Desenhar o corte de uma edificação.

Principais comandos: LINE, OFFSET, HATCH, BLOCK e TEXT.

Comentário: Um corte ou seção é a projeção obtida por planos perpendiculares à planta baixa que interceptam uma edificação. Esta vista lateral pode ser interna ou externa à edificação e apresenta distâncias (cotas) que não são possíveis de detalhar em planta. Geralmente constroem-se no mínimo duas vistas laterais: uma transversal e outra longitudinal. Um corte completo tem duas partes: parte aérea (embasamento, paredes e cobertura) e subterrânea (fundação). Quando são faces externas da casa, são denominadas de fachadas.

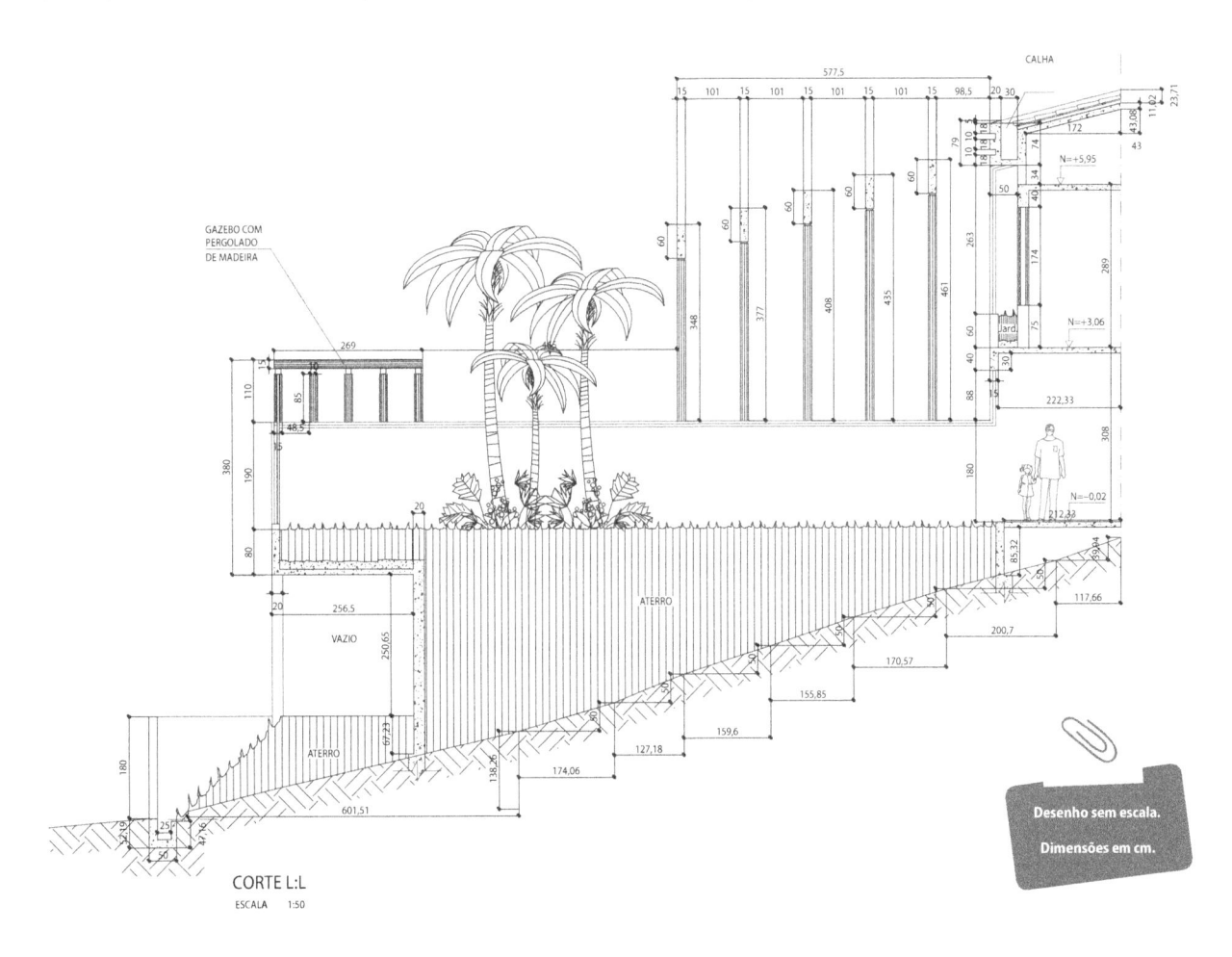

Alguns acessórios (plantas de paisagismo, figuras humanas, etc.) têm função estética e de noção de escala. Estes são inseridos como blocos num desenho de CAD.

Desenho sem escala.
Dimensões em cm.

CORTE L:L
ESCALA 1:50

›› Avançados

Os exercícios a seguir sugerem um grau de dificuldade Avançado. Sugerimos aqui que o leitor esteja "familiarizado" com os comandos do CAD e que já tenha construído alguns exercícios do grau Básico e Intermediário.

Algumas habilidades devem ser desenvolvidas nesta etapa:

- Elaborar desenhos em 3D
- Manipular o 3D Views
- Interpretar cadernetas com dados e informações que auxiliam na construção dos desenhos
- Aplicar texturas nos desenhos, tornando-os similares aos objetos
- Aplicar e combinar vários comandos em um só desenho
- Aprimorar o acabamento dos desenhos
- Desenvolver projetos com o uso do CAD

No caso destes exercícios serem aplicados em sala de aula, sugerimos disponibilizar 5 horas/aula para a sua execução. Também sugerimos que sejam realizados em grupos de alunos.

Exercício 2.44 >> Grau de dificuldade: INTERMEDIÁRIO — Área do conhecimento: MECÂNICA

Objetivo: Desenhar uma engrenagem.

Principais comandos: ARRAY-POLAR, REGION e HATCH.

Comentário: Uma engrenagem é um elemento mecânico formado por rodas dentadas que se ligam a um eixo, o qual imprime movimentos quando os dentes de uma roda encaixam nos espaços entre os dentes de outra. Se os dentes de um par de engrenagens estão posicionados em círculo, a razão entre as velocidades angulares e os torques do eixo será constante. Se o posicionamento dos dentes não for circular, a razão de velocidade irá variar. A maioria das engrenagens é circular.

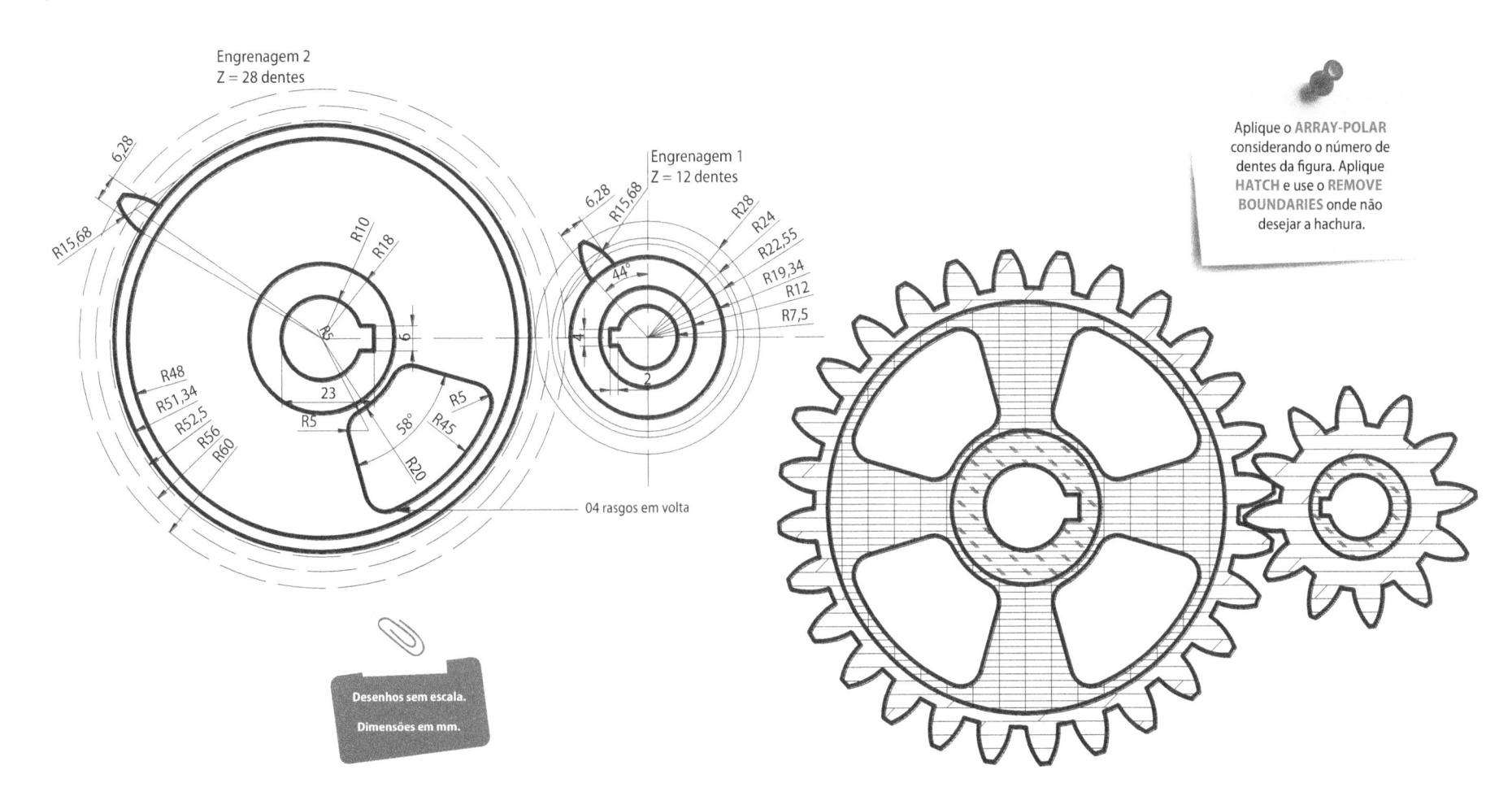

Engrenagem 2
Z = 28 dentes

Engrenagem 1
Z = 12 dentes

04 rasgos em volta

Aplique o **ARRAY-POLAR** considerando o número de dentes da figura. Aplique **HATCH** e use o **REMOVE BOUNDARIES** onde não desejar a hachura.

Desenhos sem escala.
Dimensões em mm.

Exercício 2.43 >> Grau de dificuldade: INTERMEDIÁRIO

Área do conhecimento: MECÂNICA

Objetivo: Desenhar uma roda dentada.

Principais comandos: LINE, OFFSET e TEXT.

Comentário: As engrenagens são rodas com dentes padronizados que servem para transmitir movimento e força entre dois eixos. Uma roda dentada pode ser usada para acionar uma corrente de transmissão em que se utiliza a própria corrente, uma engrenagem motriz e uma ou mais engrenagens movidas para obter uma relação de velocidade constante.

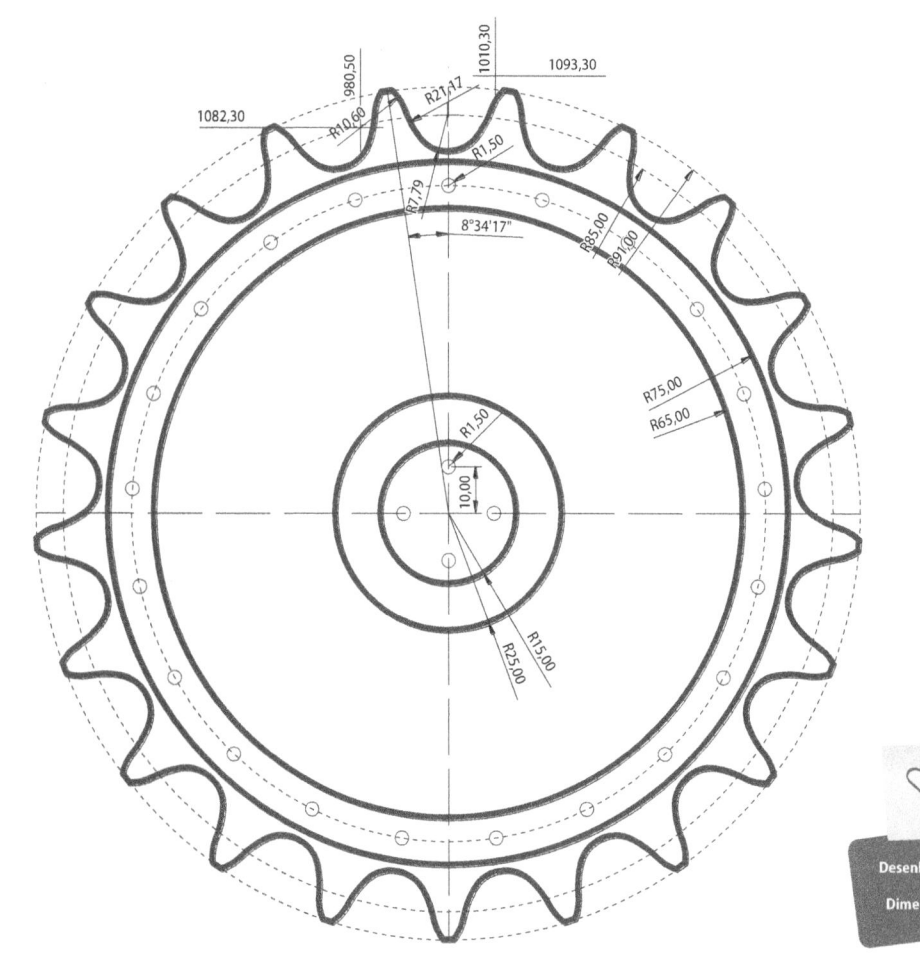

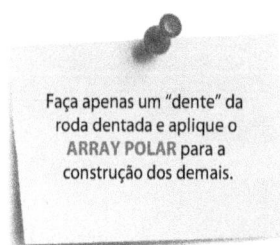

Faça apenas um "dente" da roda dentada e aplique o **ARRAY POLAR** para a construção dos demais.

Desenho sem escala.
Dimensões em cm.

Exercício 2.42 » Grau de dificuldade: INTERMEDIÁRIO — Área do conhecimento: MECÂNICA

Objetivo: Desenhar um conjunto de rodas de uma máquina.

Principais comandos: LINE, OFFSET e TEXT.

Comentário: As empilhadeiras e retomadoras da área de mineração são máquinas robustas de pátio responsáveis respectivamente pelo depósito (empilhamento) e retomada do minério às correias transportadoras. Estas máquinas caminham sobre trilhos ao longo das pilhas de minério, apoiadas sobre um conjunto de rodas (truques e balancins). O alinhamento deste conjunto de rodas em relação aos trilhos, bem como o das distâncias de projeto entre rodas, deve ser controlado para evitar desgastes e quebras. Estes serviços são executados pela topografia industrial (ou metrologia dimensional).

Desenho sem escala. Dimensões em mm.

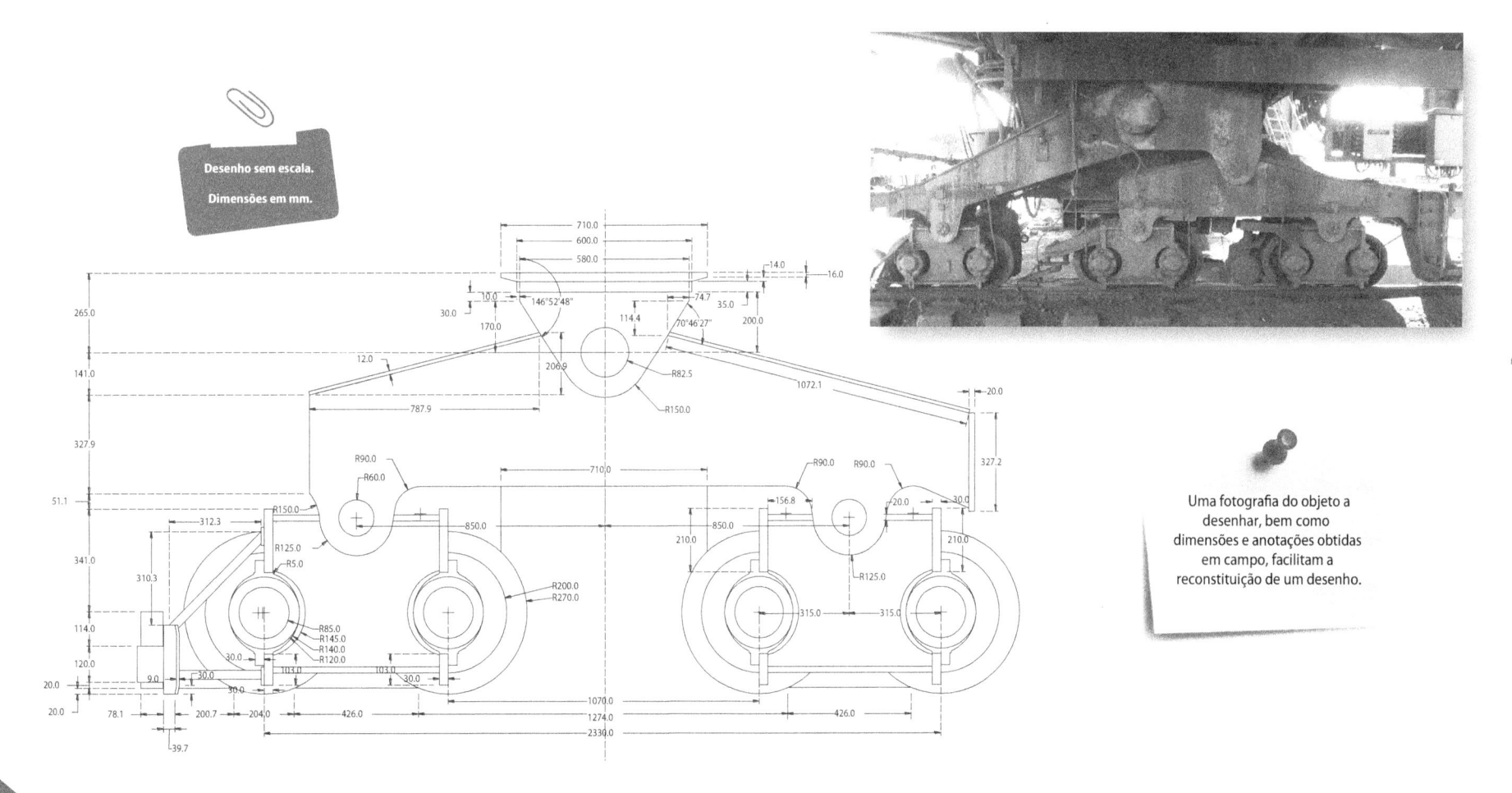

Uma fotografia do objeto a desenhar, bem como dimensões e anotações obtidas em campo, facilitam a reconstituição de um desenho.

Exercício 2.41 » **Grau de dificuldade: INTERMEDIÁRIO**　　　　　　　　　　　　　　　　　　　　　　　　　**Área do conhecimento: MECÂNICA**

Objetivo: Desenhar peças de mecânica II.

Principais comandos: CIRCLE, DIM, TRIM e CONSTRUCTION LINE.

Comentário: Os diversos comandos do CAD permitem desenvolver os traços necessários para construção de inúmeras peças da área da mecânica; o desenhista mecânico necessita de uma visão espacial acurada, gosto e interesse por representação gráfica bi e tridimensional.

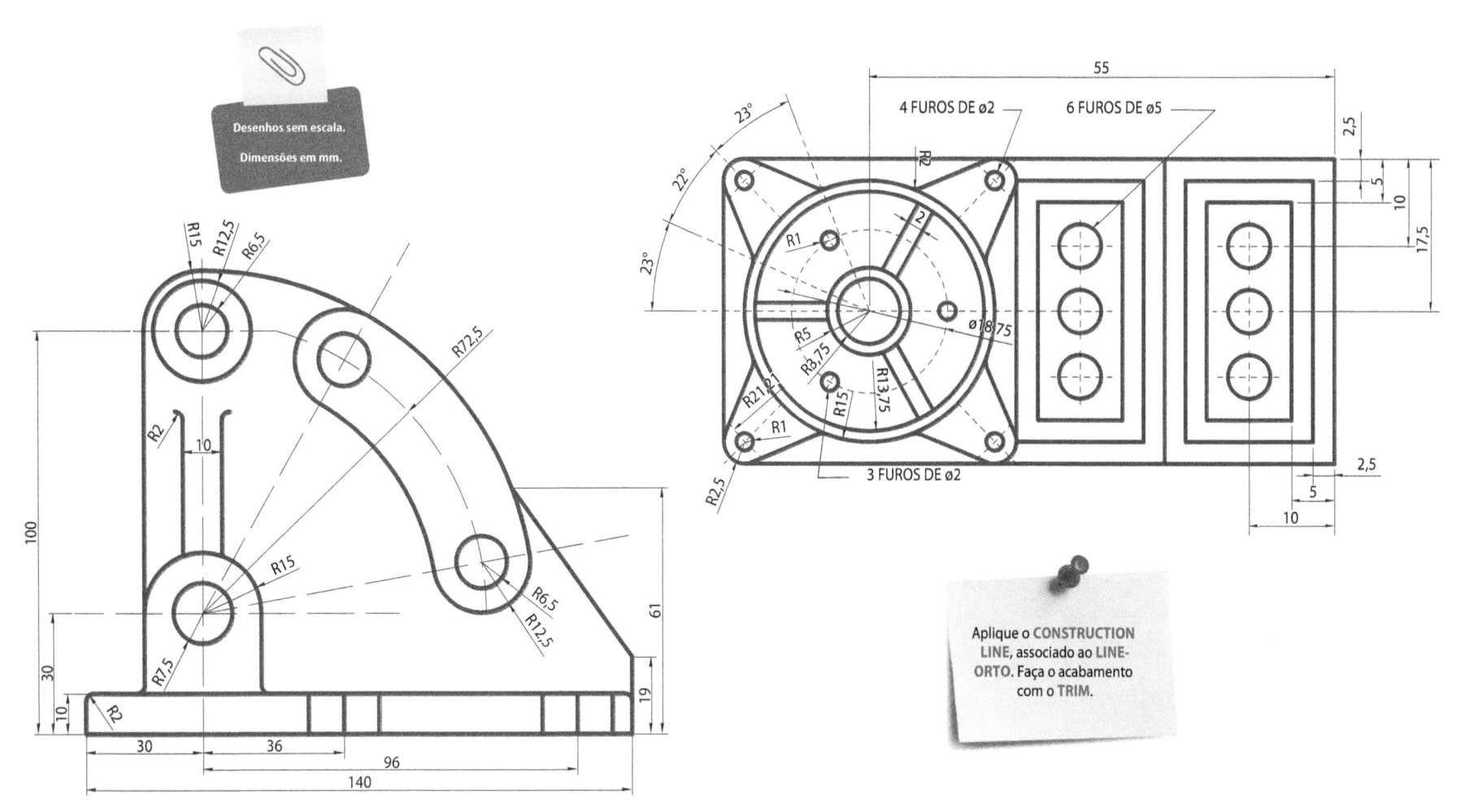

Desenhos sem escala. Dimensões em mm.

Aplique o CONSTRUCTION LINE, associado ao LINE-ORTO. Faça o acabamento com o TRIM.

Exercício 2.40 » Grau de dificuldade: INTERMEDIÁRIO

Área do conhecimento: MECÂNICA

Objetivo: Desenhar peças de mecânica I.

Principais comandos: CIRCLE, DIM, TRIM e CONSTRUCTION LINE.

Comentário: O desenho mecânico é uma representação gráfica de projetos de máquinas, motores, peças mecânicas, etc. As escalas utilizadas podem ser de redução ou ampliação, de acordo com o porte das peças, sendo as cotas definidas em milímetros. Algumas peças podem ser usinadas por uma máquina-ferramenta denominada torno mecânico.

Desenhos sem escala.
Dimensões em mm.

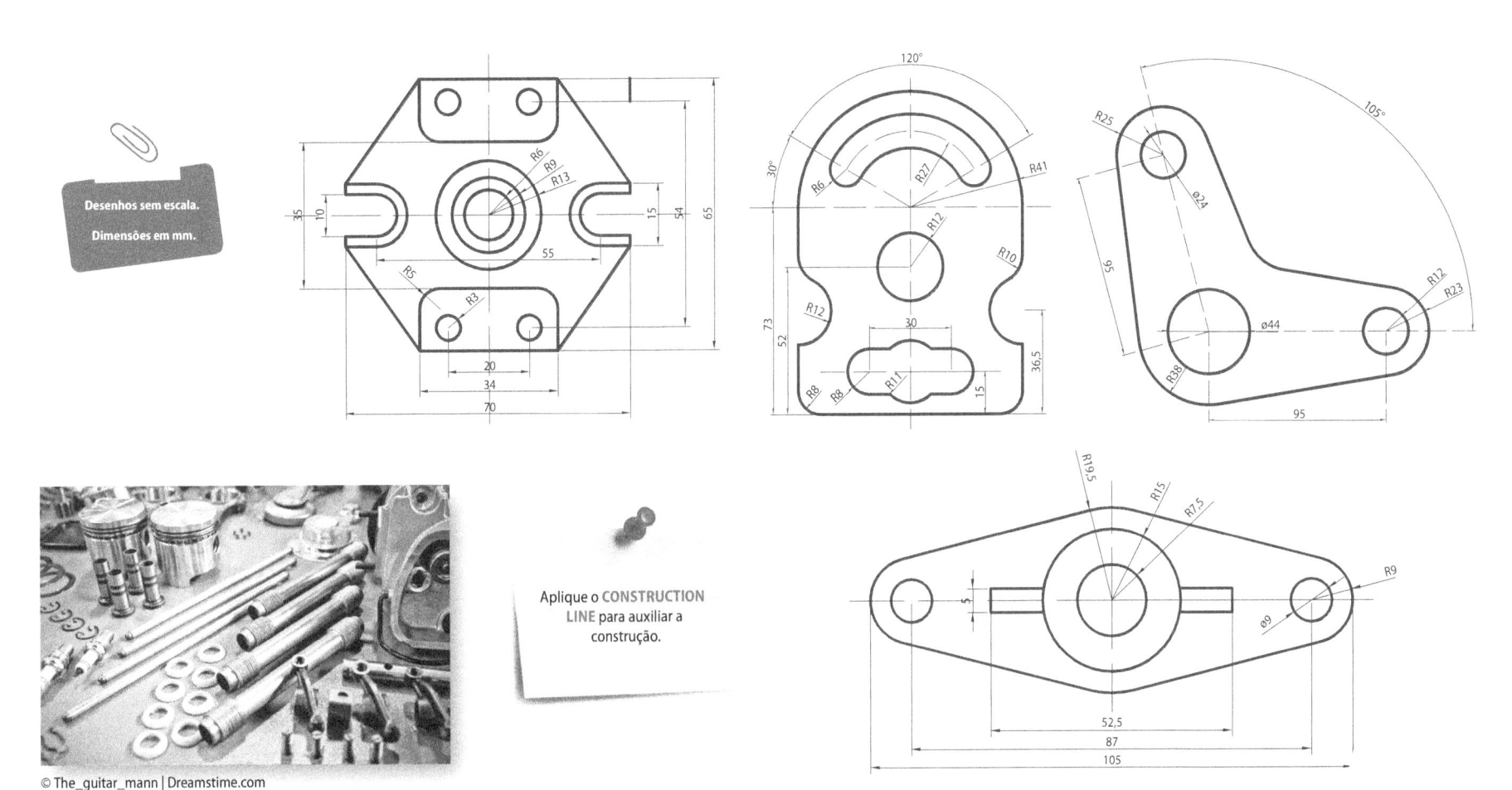

Aplique o **CONSTRUCTION LINE** para auxiliar a construção.

© The_guitar_mann | Dreamstime.com

Exercício 2.39 » **Grau de dificuldade: INTERMEDIÁRIO**   **Área do conhecimento: EDIFICAÇÕES**

Objetivo: Desenhar blocos com atributos.

Principais comandos: ATTEXT e EATTEXT.

Comentário: A construção de blocos no CAD pode ser acompanhada de seus atributos. Estes atributos (pilares de planta de forma, por exemplo) podem facilitar a identificação do objeto para constar numa planilha de quantitativos, de forma a compor futuramente um orçamento. Uma planta de forma é o desenho utilizado para a execução das formas de um pavimento. Ela é composta pelo conjunto de pilares, vigas e lajes.

Criação do bloco:

NÚMERO
DIMENSÃO
f_{ck}
PAVIMENTO

Inserção dos blocos:

Atributos do bloco:

Tag	Prompt
Número	Número do pilar
Dimensão (cm)	Dimensões da viga
f_{ck} (kgf/cm2)	f_{ck} do pilar
Prédio	Pilar do prédio

Configuração do bloco:

Tag	Invisible	Constant	Verify	Preset
Número				
Dimensão (cm)				
f_{ck} (kgf/cm2)	X			
Prédio		X		

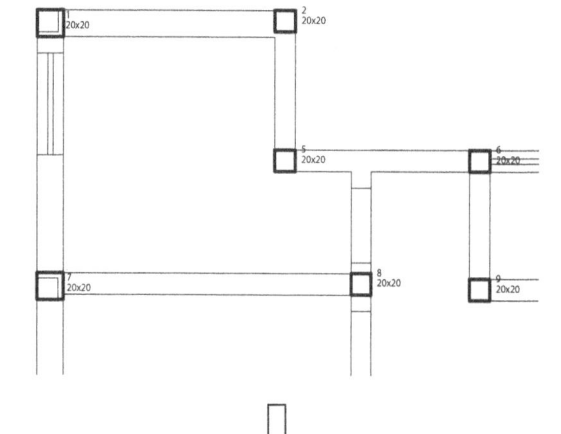

Tabela de características do bloco:

Tabela de pilares

Quantity	DIMENSÃO	f_{ck}	NÚMERO	PAVIMENTO
1	20x20	150	7	1
1	20x20	150	18	1
1	20x20	150	22	1
1	20x20	150	19	1
1	20x20	150	12	1
1	20x20	150	8	1
1	20x20	150	3	1
1	20x20	150	14	1
1	20x20	150	15	1

Utilize a planta do Exercício 2.38. Os comandos **ATTDEF** e **EATTEXT** são necessários, respectivamente, para a definição e exportação dos atributos dos blocos.